网络丢包的无参考视频质量评估方法研究

刘河潮 著

·北京·

内 容 提 要

本书主要针对网络丢包的无参考视频质量评估进行了深入的研究和探讨。力求做到内容翔实、层次分明、简洁实用，便于读者对知识的理解、掌握和应用。

本书共7章，内容有绪论、视频质量评估方法、H.264/AVC网络视频的丢包失真评估、考虑丢帧类型的无参考视频质量评估模型、考虑丢包特性的无参考网络视频质量评估模型、考虑人眼视觉特性的无参考网络视频质量评估模型、结论与展望。

本书可作为通信工程类技术人员的参考书和自学用书。

图书在版编目（CIP）数据

网络丢包的无参考视频质量评估方法研究 / 刘河潮著. -- 北京 : 中国水利水电出版社, 2023.1
ISBN 978-7-5226-1162-4

Ⅰ. ①网… Ⅱ. ①刘… Ⅲ. ①网络信息资源－质量管理－方法研究 Ⅳ. ①G255.76

中国国家版本馆CIP数据核字(2023)第022357号

书　　名	**网络丢包的无参考视频质量评估方法研究** WANGLUO DIUBAO DE WUCANKAO SHIPIN ZHILIANG PINGGU FANGFA YANJIU
作　　者	刘河潮　著
出版发行	中国水利水电出版社 （北京市海淀区玉渊潭南路1号D座　100038） 网址：www.waterpub.com.cn E-mail：sales@mwr.gov.cn 电话：（010）68545888（营销中心）
经　　售	北京科水图书销售有限公司 电话：（010）68545874、63202643 全国各地新华书店和相关出版物销售网点
排　　版	中国水利水电出版社微机排版中心
印　　刷	北京中献拓方科技发展有限公司
规　　格	170mm×240mm　16开本　7.25印张　142千字
版　　次	2023年1月第1版　2023年1月第1次印刷
定　　价	**45.00元**

凡购买我社图书，如有缺页、倒页、脱页的，本社营销中心负责调换

版权所有·侵权必究

前　言

　　IP（Internet Protocol）网络和移动通信的迅猛发展，使得视频信息在 IP 网络和移动通信网络中的处理和传输受到越来越多的关注，随着第五代移动通信技术（5G）网络建设加快更进一步推动了网络视频业务的发展，而其中的视频通信正逐渐成为通信网的主要业务。如何对视频质量进行准确有效的评估，已成为在视频压缩、处理以及传输等研究领域迫切需要解决的问题之一。

　　视频经编码压缩后再由不稳定的 IP 网络和移动通信网络传输时，视频质量除由量化引起的编码失真以外，网络视频还会遭受到由网络包丢失引起的失真，由于现行的视频编码标准，经压缩后的视频一旦发生网络丢包，将会导致在解码端重构视频时视频质量下降，因此网络丢包是导致视频质量下降的主要原因之一。此外，在编码时常常使用运动补偿和运动预测来提高编码效率，然而使用运动补偿和运动预测进一步恶化了由于包丢失引起的视频质量下降，并且将会沿着运动补偿的方向形成误码传播。

　　本书针对网络丢包的无参考视频质量评估进行了深入的研究与探讨，主要的研究探讨工作着眼于提高客观视频质量评估的实时性和有效性。分别从 H.264/AVC 编码新特性、丢帧类型、丢包率、包丢失集中度、空时域误码传播、空时域误码掩盖和人眼视觉容忍特性对视频质量的影响等方面进行了深入的研究与探讨。

　　本书的研究工作源于河南省高等学校重点科研项目（项目号：21A510006）和河南省重点研发与推广专项项目（项目号：192102210253）。

　　本书由山东大学元辉教授、华北水利水电大学陆桂明教授、许丽教授、刘明堂教授等审阅，他们提出了许多宝贵意见，对此我们表示衷心的感谢。

信息技术的发展日新月异，新的理论和研究成果层出不穷，本书无法做到全面覆盖，加之作者学术水平和视野有限，书中错误和疏漏之处在所难免，恳请各位专家和读者不吝批评和指正。

作者
2022 年 11 月

目 录

前言

第1章 绪论 ... 1
1.1 引言 ... 1
1.2 视频编码简介 ... 2
1.3 视频失真效应 ... 4
1.3.1 压缩编码引起的失真 ... 4
1.3.2 信道误码引起的失真 ... 4
1.4 视频质量评估研究现状 ... 5
1.4.1 研究视频质量评估的标准化小组 ... 6
1.4.2 考虑 HVS 的视频质量评估方法 ... 9
1.4.3 基于网络包丢失的视频质量评估方法 ... 10
1.5 本书主要内容 ... 10

第2章 视频质量评估方法 ... 13
2.1 引言 ... 13
2.2 主观视频质量评估方法 ... 13
2.2.1 双激励主观视频质量评估方法 ... 14
2.2.2 单激励主观视频质量评估方法 ... 15
2.3 客观视频质量评估方法 ... 17
2.3.1 依据可用到的原始视频信息程度分类 ... 18
2.3.2 依据对解码后视频分析情况分类 ... 19
2.3.3 依据对网络视频码流的介入程度分类 ... 21
2.4 基于网络丢包视频质量评估方法 ... 26
2.4.1 网络视频通信 ... 26
2.4.2 网络丢包对视频质量的影响 ... 27
2.4.3 基于包和比特流的网络视频质量评估 ... 27
2.5 小结 ... 28

第3章 H.264/AVC 网络视频的丢包失真评估 ... 29
3.1 引言 ... 29

3.2 视频主观质量评估实验设置 ·········· 30
3.2.1 实验设计 ·········· 30
3.2.2 实验条件 ·········· 31
3.2.3 实验材料的选取 ·········· 31
3.2.4 评分等级 ·········· 31
3.2.5 观测条件 ·········· 31
3.2.6 观测者及对观测者的要求 ·········· 32
3.2.7 数据结果分析 ·········· 32
3.3 H.264/AVC 网络视频的丢包失真无参考视频质量评估 ·········· 33
3.3.1 误码引起的失真 ·········· 33
3.3.2 误码传播引起的失真 ·········· 35
3.3.3 误码掩盖引起的失真 ·········· 36
3.3.4 去方块滤波对视频质量的影响 ·········· 38
3.3.5 无参考视频质量评估模型的建立 ·········· 39
3.3.6 实验结果与分析 ·········· 40
3.4 H.264/AVC 网络视频的丢包失真半参考视频质量评估 ·········· 43
3.4.1 时域复杂度 ·········· 43
3.4.2 半参考视频质量评估模型的建立 ·········· 44
3.4.3 实验结果与分析 ·········· 46
3.5 小结 ·········· 48

第4章 考虑丢帧类型的无参考视频质量评估模型 ·········· 49
4.1 引言 ·········· 49
4.2 MPEG 编码标准简介 ·········· 49
4.3 包丢失引起的视频失真 ·········· 52
4.3.1 片丢失引起的失真 ·········· 52
4.3.2 方块效应或者马赛克 ·········· 53
4.3.3 重影或拖尾 ·········· 53
4.3.4 暂停或帧停止播放 ·········· 54
4.4 人眼视觉容忍性对视频质量的影响 ·········· 54
4.5 不同帧类型对视频质量的影响 ·········· 57
4.5.1 I 帧损伤对视频质量的影响 ·········· 57
4.5.2 P 帧损伤对视频质量的影响 ·········· 58
4.5.3 B 帧损伤对视频质量的影响 ·········· 59
4.6 时域复杂度计算 ·········· 59
4.7 网络丢包视频质量评估模型建立 ·········· 60

4.8　实验结果与仿真分析 ……………………………………………… 62
　　　　4.8.1　模型性能评价测度 ……………………………………… 62
　　　　4.8.2　实验结果与仿真分析 …………………………………… 63
　　4.9　小结 ……………………………………………………………… 67

第5章　考虑丢包特性的无参考网络视频质量评估模型 ……………… 68
　　5.1　引言 ……………………………………………………………… 68
　　5.2　包丢失率对视频质量的影响 …………………………………… 68
　　　　5.2.1　主观实验设置 …………………………………………… 68
　　　　5.2.2　实验数据分析 …………………………………………… 70
　　　　5.2.3　空-时域复杂度对视频质量的影响 ……………………… 73
　　5.3　包丢失集中度对视频质量的影响 ……………………………… 74
　　5.4　网络丢包无参考视频质量评估模型的建立 …………………… 75
　　5.5　实验结果与分析 ………………………………………………… 76
　　　　5.5.1　实验条件 ………………………………………………… 76
　　　　5.5.2　实验结果与仿真分析 …………………………………… 78
　　5.6　小结 ……………………………………………………………… 80

第6章　考虑人眼视觉特性的无参考网络视频质量评估模型 ………… 82
　　6.1　引言 ……………………………………………………………… 82
　　6.2　信道误码对视频帧质量的影响 ………………………………… 82
　　　　6.2.1　包丢失引起的视频帧失真 ……………………………… 83
　　　　6.2.2　误码传播引起的视频帧失真 …………………………… 88
　　　　6.2.3　丢包位置对视频帧质量的影响 ………………………… 90
　　6.3　视觉容忍性对视频帧质量的影响 ……………………………… 90
　　6.4　视频序列的时域失真 …………………………………………… 91
　　　　6.4.1　时域失真 ………………………………………………… 91
　　　　6.4.2　主观实验设置 …………………………………………… 92
　　　　6.4.3　数据分析 ………………………………………………… 92
　　6.5　视频序列的视频质量评估模型 ………………………………… 95
　　6.6　实验结果与仿真分析 …………………………………………… 96
　　6.7　小结 ……………………………………………………………… 98

第7章　结论与展望 …………………………………………………… 99
　　7.1　结论 ……………………………………………………………… 99
　　7.2　展望 ……………………………………………………………… 101

参考文献 ……………………………………………………………… 102

第1章 绪　　论

1.1　引言

随着信息技术的发展，数字视频技术在通信和广播领域获得了日益广泛的应用，特别是 20 世纪 90 年代以来，IP 网络和移动通信的迅猛发展，使得视频信息在 IP 网络和移动通信网络中的处理和传输受到越来越多的关注。视频信息的直观性、生动形象性、确切性、高效性等优点，更促进了 IP 网络和移动通信网络中针对视频信息的处理和传输技术的发展。

宽带网络的迅速发展及宽带业务的普及，使得基于 IP 网络的实时流媒体服务得到了广泛的应用并扩展到生活的各个领域，三网融合的实现更进一步推动了网络视频业务的发展，而其中的视频通信正逐渐成为通信网的主要业务。对视频质量进行实时和准确的评估对视频的编解码发展、网络协议规划、网内质量监控和确保终端用户质量等至关重要[1-2]。IP 网络是一个异构、时变、缺乏服务质量（quality of service，QoS）控制的网络，它的设计初衷是为了传输数据，传输效率高，但带宽波动范围大，易发生丢包现象，因此并不适合传输连续的流媒体。网络视频通信的主要内容是图像和视频媒体，网络视频通信的数据是经压缩编码后的数据，而压缩后的数据对丢包造成的误码非常敏感，使得恢复的视频质量比较差。另外，同样的丢包率对视频质量造成的影响也不一样，主要由于有些丢包只影响一帧视频，而有些会持续影响后面多帧视频；具体到一帧视频，有些丢包发生在场景的活动区域，还有些可能发生在静止区域；同时由于人眼视觉的时域掩盖效应，使得某些情况下的丢包并不会被人眼视觉所感知，因此准确评估由丢包引起的视频质量下降会更加困难[3]。

如何对视频质量进行准确有效的评估，是视频压缩、处理以及通信等研究领域中的重要研究内容之一。首先，通过对视频质量的准确评估可以保证网络视频服务系统的 QoS。根据对接收到的视频进行质量评估来反映网络视频服务系统性能以及网络视频传输信道的 QoS，然后根据接收到的视频质量给出反馈信息来调整编码器或信道的参数。其次，通过对不同编码器在相同的编码参数条件下评估出易于理解的视频输出质量，这样对编码器进行性能评估和优化更为简单和便捷。同时视频质量评估对于设备制造商和网络服务运营商同样有着非凡的意义。对于网络服务运营商来说，如果网络服务运营商能够给出网络服务的视频质量评估数据，对于其服务业务的推广宣传、客户满意度调查、网络服务系统的优化等方面都将起非常重要的作用；对于设备制造商来说，如果设备制造商能提供该设备在显示、输出等方面更为优秀突出的视频质量评估结果，对于设备产品的销售能够提供更为有说服力的数据结果，从而对提高产品的销售量有着非常重要的作用。显然对于一般的用户来说，他们更为关心的不是复杂难懂的技术参数，而是设备显示出的优越性能和操控性能，因此设备制造商和网络服务运营商可以通过给出更为易懂的视频质量评估结果来影响客户的最终决定。

视频序列在采集、存储、编码以及传输过程中，会遭遇不同程度的失真。一方面，通过去冗余而实现视频数据压缩的过程中会产生各种各样的失真，如方块效应（blocking artifacts）、模糊（blurring）、震荡（ringing）等编码失真；另一方面，现有的 IP 网络是一种尽力而为服务模型，因此压缩后的视频在 IP 网络中传输不可避免地存在可能的网络损伤，如时延抖动、拥塞和丢包等这些都会降低解码端的视频质量[4]。如何确保终端客户的体验质量（quality of experience，QoE），并且使得网络视频得到良好发展，建立有效的实时监控网络视频质量方法显得尤为重要。

在网络视频质量评估中，对于网络丢包的视频质量评估方法的研究大都是直接寻找视频序列客观质量与网络信道参数以及视频序列编码参数之间的关系。目前为止还没有特别准确有效的客观视频质量评估模型能够对网络丢包对视频质量的影响进行实时有效的评估。因此，本书的研究重点是设计有效的评估网络丢包对视频质量影响的客观评估模型。为实施视频质量的评估，对压缩视频流进行完全解码不仅浪费资源而且耗费时间，且受传输带宽和网络节点处计算复杂度的限制，因此资源开销小并且不需对视频进行完全解码的无参考视频质量评估方法是本书的重要研究内容。

1.2 视频编码简介

视频信息具有直观性、确切性、高效性和广泛性等特点，备受人们的青睐。但有限的带宽无法满足巨大视频信息的实时有效传输，必须对视频内容进行有效的压缩编码，因此，在现阶段高效的视频压缩算法和稳健的视频压缩传输系统受到越来越多的研究者和运营商的关注[5-8]。

近年来，数字视频压缩编码技术得到了迅速发展和广泛应用，并且日臻成熟。自 1984 年国际电报电话咨询委员会（International Telephone and Telegraph Consultative Committee，CCITT）公布第一个视频编码国际标准以来，ITU－T（International Telecommunications Union Telecommunication Standardization

Sector）及国际标准化组织陆续颁布了十多个视频编码国际标准，ITU-T在1988年通过H.261建议；1995年发布H.263标准；1998年和2000年分别发布H.263+、H.263++等标准；2003年正式发布H.264/AVC视频压缩标准。国际标准化组织在1992年公布了MPEG-1视频编码标准；1994公布了MPEG-2标准；1999年通过了"视听对象的编码标准"——MPEG4。这些视频压缩标准融合了各种性能优良的视频压缩算法，尤其是新一代视频压缩标准H.264/AVC，代表着目前数字视频压缩的最高水平。这些编码标准的发布大大推动了视频通信和数字电视广播的发展。

现有的视频编码压缩算法中都使用了分层编码的思想，也就是说视频序列可以划分为图像组、帧、片、宏块、块等，视频序列由这些层组成。视频流的分层结构如图1.1所示。

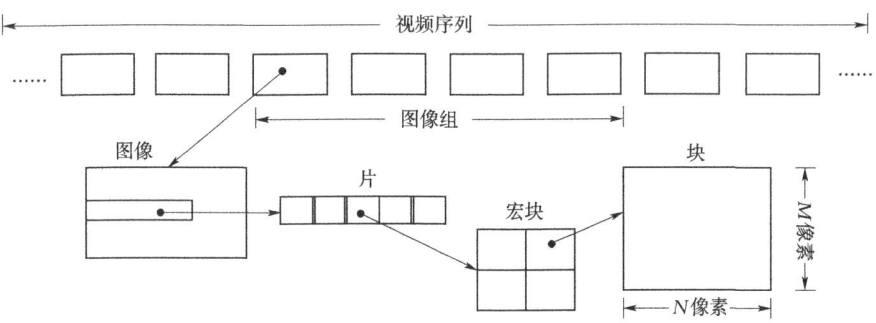

图1.1 视频流的分层结构

在对视频序列进行编码时压缩算法大都采用基于块的运动补偿和变换编码。编码器基本功能算法框架图如图1.2所示。

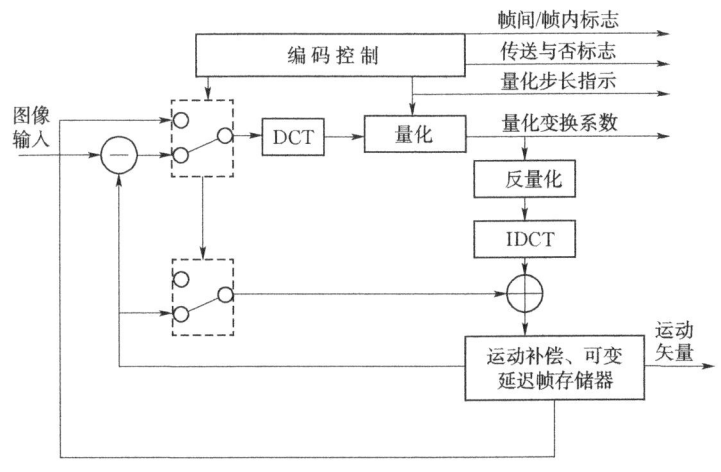

图1.2 编码器基本功能算法框架图

3

从图 1.2 可知，视频压缩算法主要由以下几个功能模块组成：预测编码功能模块、变换编码功能模块、量化功能模块、熵编码功能模块、去方块滤波功能模块。

1.3 视频失真效应

从数学符号表达上来看，视频的信源数据可以用含有时间和空间参数的多维函数来描述，其视频编码压缩的本质就是减少视频信源数据之间的相关性；从信息论角度来看，视频的信源数据可以用信源熵和信息冗余量之和来表示，其视频编码压缩的实质就是减少信息的冗余量。另外，根据人眼的视觉特性和实际的保真度要求，可以允许视频在编码时有一定的失真。虽然有损压缩算法提高了视频编码的压缩效率，但同时也会降低解码后的视频质量，如在编码时常常采用的基于块的编码技术而在解码后的视频就会容易出现视频的方块效应，这种失真就会影响视频解码后的质量；在编码时常常采用运动预测、运动补偿以及熵编码等技术，这样编码后的视频序列经由不稳定的网络传输时会不可避免地出现丢包现象，由于采用了运动预测、运动补偿以及变长熵编码等技术，这就会导致误码扩散，最终引起恢复视频的质量急剧下降。从上分析可得出，引起视频质量下降的原因主要有两个方面：视频的编码压缩失真和网络信道误码失真，下面分别对这两个方面进行简单的讨论。

1.3.1 压缩编码引起的失真

在视频压缩编码过程中量化是导致解码后视频质量下降的根本原因。为了提高视频的编码压缩效率，现行的编码标准常常采用先进的编码压缩技术，如：基于块的 DCT 变换、基于块的运动预测、基于块的运动补偿、高频信息的粗量化等，这些先进的编码压缩技术都会引起恢复视频视觉上的失真效应[9]，这些视觉上的失真效应主要有：模糊（blurring）、方块效应（blocking artifacts）、震荡效应（ringing）、色彩流失（color bleeding）、蚊噪（mosquito noise）、闪烁（flickering）。对于不同的编码方法，将产生不同的视觉失真效应。例如，编码时采用基于块的算法则方块效应会比较严重，而编码时采用基于小波变换的算法则更容易产生模糊和震荡效应。

1.3.2 信道误码引起的失真

受到外界干扰、人为破坏等原因，数据包经网络传输时会出现丢包现象[10-11]。然而受传输信道带宽的限制，在网络中传输的视频数据往往是经过编码压缩后的视频数据，而经编码压缩后的视频数据由于在编码时所采用的编码方案对数据丢包特别敏感，网络丢包将会造成接收端恢复视频质量的严重下降，对于网络丢包对视频质量影响的研究在现代视频通信领域显得尤为重要。

信道误码引起的失真主要有三个方面：网络数据包丢失、误码传播（error propagation）和误码掩盖，下面分别对这三个方面进行简单的介绍。

造成网络数据包丢失的原因有：①网络在传输服务时是尽力服务模型，因此不能保证所传输的数据一定能到达目的地，另外如果数据包在网络上传输时间过长也将视为数据包丢失处理；②如果在同一时间内大量用户同时访问视频服务器时，将会发生网络拥塞现象，造成网络节点阻塞，同样也会导致视频流突发丢包。数据包丢失会造成接收端恢复视频质量的下降[9]。

造成误码传播的主要原因是：如果经编码后的视频流在不稳定网络传输时发生了网络丢包或误码，而编码端并未察觉，编码器仍继续使用这些发生错误的宏块做基于块的运动估值，且解码端也继续使用这些发生错误的宏块做基于宏块的运动补偿，因此就形成了误码传播。误码传播不但影响出错帧的恢复质量，还会影响后续参考该出错视频帧的恢复质量[12-14]，因此误码传播严重影响了视频的恢复质量。

误码掩盖在一定程度上提高了恢复视频的质量，误码掩盖主要分为：空域误码掩盖和时域误码掩盖，常用的几种方法有：运动补偿时域预测、空域插值、最大平滑空-时域插值、基于凸集投影空域插值和空-频域插值法[14]。影响误码掩盖引起视频质量下降的主要原因有：①使用误码掩盖算法时无法保证正确恢复视频误码区域的内容，因此会导致误码掩盖块边缘处内容的不连续；②误码的漏检会引起恢复视频帧中出现颜色怪异现象，称为贴片式误码，贴片式误码对恢复视频帧质量的影响较为严重。

1.4　视频质量评估研究现状

均方误差（mean square error，MSE）和峰值信噪比（peak signal to noise ratio，PSNR）在传统的视频质量评估中占有重要的地位，这两种方法物理意义明确、计算简单方便。MSE和PSNR主要是计算两帧图像像素与像素之间的差异。虽然研究者较多地视MSE和PSNR为基本的视频质量评估参数，但这两个参数与视频主观感受质量不太一致，主要原因在于这两个模型参数只是把图像的像素作为孤立的数据，事实上它们之间有很强的相关性，另外MSE和PSNR并没有考虑HVS。近年来随着IP网络和视频压缩技术迅速发展，对视频质量进行实时和准确的评估受到越来越多关注。下面分别对研究视频质量评估的标准化小组和已有的算法进行简明的总结和介绍。

1.4.1 研究视频质量评估的标准化小组

参与研究视频评估的标准化小组主要有：①ITU-T 的 SG9 和 SG12；②ITU-R 的 SG11；③世界无线通信解决方案联盟（The Alliance for Telecommunications Industry Solutions，ATIS）的 IPTV 互操作性论坛（IPTV Interoperability Forum，IIF）；④视频质量专家组（Video Quality Experts Group，VQEG）；⑤其他的研究机构。下面分别对这些研究视频质量评估小组及他们所关心的客观视频质量评估算法和方法进行讨论。

1. ITU-T 和 ITU-R

ITU-T 的 SG9 和 SG12 以及 ITU-R 在视频质量评估的标准化过程中制定了诸多的关于视频质量评估标准[15-17]。ITU-T 的 SG9 所颁布的视频质量评估标准主要是基于全球研究者提案及研究结果，并且该组织还发布了与主观视频质量评估方法相关的标准及注意事项。ITU-T 的 SG12 主要致力于非嵌入式多媒体质量评估。

此外，还有 ITU IPTV GSI（Global Standards Initiative）主要致力于联合现有的 IPTV 标准，并对 IPTV 的质量监控以及客户端 QoE 模型进行标准化。

2. ATIS IIF

ATIS IIF 主要致力于评估 IPTV 的 QoS 和 QoE，其中包括评估视频、音频和视听的质量模型，但并不给出具体算法。如该组织提出的 ATIS-0800008 标准。

ATIS IIF 目前正在制定如何评估一个视频质量评估模型有效性的测试计划和测试步骤，该标准的制定只是对如何评估一个视频客观质量评估模型的有效性的测试计划和测试步骤进行标准化，而不针对具体的视频客观质量评估模型进行标准化。该标准化制定的前提是已提出足够多性能优秀的视频质量评估算法，并且这些算法本身不需要进行标准化，与该测试计划相类似的有 ITU-T Rec. P.564。该测试计划标准的制定，可以方便研究者及时验证所提出的客观视频质量评估模型的有效性，可以促使客观视频质量评估模型的准确性、时效性等性能的进一步提高；对测试计划和测试步骤进行标准化，可以为验证客观视频质量评估模型的有效性提供一个相对独立与客观的主观视频质量评估测试计划。ATIS IIF 在该领域内的标准化进程中起着主导的地位。

3. VQEG

鉴于对视频质量进行实时和准确评估的重要性，在 1997 年，ITU-T 和 ITU-R 的研究小组联合在一起成立了视频质量专家组（VQEG），VQEG 的主要任务是提高客观视频质量评估模型的准确性和提出新的主客观视频质量评估方法[18]。目前 VQEG 已经完成了一系列关于视频应用和服务的客观质量评估模型的测试计划，因此 ITU 标准化组织也制定了相关的关于电视和多媒体应用的视频质量评估标准。从 VQEG 的这些工作，可清楚地看出现在客观视频质量评估的研究现状和将来的发展方向。

目前 VQEG 已经完成了 4 个关于电视（television，TV）和多媒体应用的客观质量评估方案，现在正在进行其他 3 个方面的客观视频质量评估方案。

VQEG 分别在 2000 年和 2003 年完成了两个关于 TV 服务的客观视频质量评估方法的验证和研究。第一个阶段（FR-TV Phase Ⅰ）主要集中在离线服务视频质量评估的测试，由于该测试阶段需要使用到原始的视频，因此是全参考的视频质量评估方法。该阶段可以测试视频序列的失真有：MGEG-2 的编码失真、SDTV（Standard-Definition TV）在编码制作和传输时所产生的失真、模-数转换失真以及视频序列在传输时产生的失真。该阶段的测试总共对 9 种视频质量评估算法模型进行了验证，除了 PSNR 以外，还有其他 8 种来自世界其他组织提出的方法。验证结果显示这 9 种视频质量评估算法模型在统计意义上是等价的[46]，因此该阶段没有提出标准化的客观视频质量评估模型。虽然该阶段所提出的客观视频质量评估模型并不能很好地反映视频的主观质量，但是该阶段的测试具有里程碑的意义。首先，该阶段所建立的主观视频质量评估用的视频序列库现阶段仍在使用；其次，该阶段的全参考视频质量评估验证的设计步骤为以后的验证提供了参考；最后，第一次提出了标准化验证客观视频质量评估模型[19]。

在第二个阶段的测试（FT-TV Phase Ⅱ）中，VQEG 主要针对 SDTV 的次级分发服务质量的评估，并且只是针对编码格式为 MPEG-2 的 TV 质量进行评估，同第一个阶段的测试一样也是对全参考视频质量评估方法的测试，并且不考虑网络传输对视频质量的影响。虽然在第二阶段的测试仍然存在着诸多的不足，但也取得了一定的成果。该阶段提出的最好的视频质量评估模型所得到的视频质量与主观视频质量评估方法得到的平均意见得分（mean option score，MOS）有很好的一致性，相关性可高达 0.94，而 PSNR 的相关性只有 0.7，相比之下性能提高了许多。在这个测试阶段由 NASA USA、Yonsei University Korea、CPqD Brazil 和 NTIA USA 这 4 个组织提出的客观视频质量评估模型性能比较优秀，被 ITU 进行了标准化：ITU-T Rec. J. 144 和 ITU-R Rec. BT. 1683。

从这两个阶段的测试结果来看，在全参考视频质量评估方面已经取得了很好的效果，但是也存在一定的不足：①这两个阶段测试序列的编码方式主要是 MPEG-2 格式；②提出的客观质量评估模型均为全参考视频质量评估模型；③对于网络对视频质量的影响考虑较少。

在 2008 年，VQEG 完成了对多媒体应用质量评估的测试（MM Phase Ⅰ），该阶段测试视频格式主要针对低码率（低于 4Mb/s）和低分辨率（QCIF、CIF、

VGA)的网络视频。该阶段的测试考虑了更为广泛的编解码方式和传输条件，同时可以验证：全参考视频质量评估方法、半参考视频质量评估方法和无参考视频质量评估方法。基于该阶段的测试，形成了2个关于多媒体的质量评估标准化的方案，一个是 ITU-T Rec. J.247，该标准定义了 4 个全参考视频质量评估模型，它们分别由 OPTICOM、Psytechnics、Yonsei University 和 NTT 这个 4 个机构组织提出的方案；另一个标准是 ITU-T Rec. J.246，该标准定义了 3 个半参考视频质量评估模型，并且与主观视频质量有很好的一致性，相关性可高达 0.93，这 3 个模型都是由 Yonsei University 提出的。但是该阶段的测试验证过程中没有无参考的视频质量评估方案可以达到标准化的要求。

在 2009 年，VQEG 完成了对 SDTV 的半参考视频质量评估和无参考视频质量评估方法的测试（RRNR-TV），并且拓展了 Phase I 和 Phase II 对 SDTV 的全参考视频质量评估方法的测试。该阶段的测试拓展了编码格式，如把 MPEG-2 和 H.264/AVC 等编解码格式都包含了进去，同时也考虑了 IP 网络传输时对视频质量的影响。最终的结论性报告包含了 7 个半参考视频质量评估模型，其中性能比较好的模型，如 NTIA 和 Yonsei University 组织机构提出的模型被 ITU 标准化组形成新的标准化方案。

RRNR-TV，该测试起初的设计包括了无参考视频质量评估和半参考视频质量评估方法，然而最终的 5 个无参考视频评估模型没有被最终的 VQEG 报告收录发布。连同 MM Phase I 测试实验，没有无参考视频质量评估方法被收录形成标准化提案，这也说明了无参考视频质量评估方法的困难和提案仍在进行中。

从 2004 年开始，VQEG 开始对 HDTV（high definition television）视频序列的客观视频质量评估模型进行了验证。该阶段测试的视频序列编码方式为 H.264/AVC 和 MPEG-2。测试的失真包括网络对视频质量的影响、视频的前期处理和后期处理引起的视频失真。编码比特率为 1M～30Mb/s。验证的视频质量评估模型包括全参考视频质量评估模型、半参考视频质量评估模型和无参考视频质量评估模型。该阶段的验证工作已经完成。

目前，VQEG 正在计划另外两个工作的测试。其中一个是验证视频的 QoE 模型，该模型适用于视频和多媒体经由 IP 网络传输后的数字视频质量，能够使用到的信息是：视频序列的像素和编码后的比特流是属于混合型模型。该阶段测试的码流包括 IPTV、有线网络视频和无线网络视频。码流从 16kb/s 到 30Mb/s；编码标准为 H.264/AVC、MPEG-2 和 MPEG-4；视频格式包括 SD、HD、QCIF 和 QVGA 格式；测试的失真包括：传输误码对视频质量的影响、帧率对视频质量的影响、视频序列的后处理对视频质量的影响、实时的网络状况对视频质量的影响和人机交互对视频质量的影响。除了对全参考视频质量评估、半参考视频质量评估的原始参考视频做了一定的限制外，还对客观视频质量评估模型的输入信息也做了相关的规定。该阶段提出了非嵌入式客观视频质量评估参数模型概念，该模型主要对多媒体视频进行质量评估（P.NAMS）。另一个验证测试为 P.NBAMS（B 表示 bitstream），与 P.NAMS 测试具有相同的目标，但是 P.NBAMS 能使用到视频载荷信息。另外 VQEG 正在计划实施第二阶段的多媒体测试，称为 MM Phase Ⅱ，该阶段的测试主要用于验证视听视频质量的评估模型。

此外，VQEG 同时正在利用现有的视频质量评估模型，并联合这些模型希望能够提出新的更为有效的视频质量评估模型。希望这项工作能引导视频质量评估的前沿并且能够实施。

从 VQEG 这些测试可看到，近几年客观视频质量评估的研究结果以及发展趋势为：①现有的客观视频质量评估模型不能完全取代主观视频质量评估；②对网络视频质量的研究，目前备受研究者的青睐；③全参考视频质量评估方法取得了十足的成就，但是无参考视频质量评估方法和半参考视频质量评估方法还有待进一步的研究；④客观视频质量评估的计算复杂度也开始受到研究者更多的关注；⑤现阶段对于视频质量的评估还主要针对无声视频，今后对于视听视频的质量评估将会受到更多的关注。

4. 其他组织

其他的组织结构也从不同的角度对视频 QoE 进行了研究，分别是：

（1）BF（Broadband Forum），之前称为 DSL Forum，该组织已经发布了 QoE 需求报告。

（2）VSF（Video Services Forum），该组织是 2008 年由 QoEAG（QoE Activity Group）发展而来的，主要致力于对现有的与传输有关的网络视频质量评估模型进行改进，并把音视频的载荷信息和内容考虑到模型中。

1.4.2 考虑 HVS 的视频质量评估方法

视频通信的最终信宿是人，对视频质量的评价取决于人眼的主观感受，因此合理的视频质量评估方法必须符合人眼的视觉特性[20]。可见，研究人眼视觉机制以及与视频通信、图像处理相关的视觉特性，是准确建立视频质量评估模型的基础。在心理学和生理学上已经证明了人眼对它们能够观看到的信息有很强的选择性，而不是对所有的信息都感兴趣[21-24]。近几年，SR（saliency region）、VAM（visual attention model）、FoA（focus of attention）等视频质量评估方法备受研究者的青睐。

Osberger 通过计算 VAM 来判断感兴趣区域，然后利用早期研究的视觉多通道模型来决定感兴趣区域的权重，最后通过加权得到图像的客观质量，该方法通常应用于评估图像的压缩失真[24-27]。Lu 把文献［24-27］的方法拓展到对视频序列的质量评估中去,通过把从视频序列中提取到的亮度信息、运动信息和色度信息映射到对视频质量评估中去[28]。Ninassi 等利用人眼追踪实验来确定图像的 SR,基于此提出图像质量评估模型,但是该方法得到的图像质量并不能很好地反映图像的主观质量[29]。Moorthy 等首先使用视觉注视矩阵计算基于视觉重要性的 SSIM 质量指标,然后假设误码失真大的像素区域吸引人眼视觉更多的注意力,因此对于相对较低的 SSIM 值的像素区域赋更大的权值,但该方法并没有考虑包丢失对视频质量的影响[30]。Oprea 等提出了一种基于显著区域的嵌入式无参考视频质量评估方法,该方法通过计算色彩对比度、大小、方向等来确定该图像的视觉显著性区域,但该方法只是针对静止图像[31]。

1.4.3 基于网络包丢失的视频质量评估方法

编码后的视频由于不稳定的网络传输不可避免地会出现丢包现象,而受到预测编码技术的影响,视频同样不可避免地遭遇到误码传播的影响。由信道误码引起的视频质量下降可以分为空域视频质量下降[32-35] 和时域视频质量下降[36-38] 两种。Claypool 等[32] 和 Lu 等[33] 主要是通过统计分析网络丢包和时延抖动对视频质量的影响,最终来预测视频的质量;Pastrana 等则认为视频内容的易变性对视频质量的影响至关重要,基于此提出了一种丢帧的视频质量评估模型[34];Yang 等提出了一种更为复杂的视频质量评估模型来预测视频的质量,该模型充分考虑了帧丢失数量、运动矢量和局部时域质量对比等因素[35]。Qiu 等[36] 和 Babu 等[37] 分别提出了无参考视频质量评估方法,主要是利用块边缘的空域不连续性来表示视频的丢包,然后利用这种空域的不连续性来预测视频的质量,主要针对由包丢失对视频块边缘质量的影响;Rui 等通过研究发现网络的信道状况与视频质量有着很强的相关性,基于此提出一种无参考视频质量评估方法[38]。

除此之外,还有一些研究者同时考虑了编码失真和网络失真对视频质量的影响的研究。如在 2002 年,NTIA/ITS 提出了一种视频质量评估参数模型(video quality metric,VQM),该模型针对不同的编码方式和网络信道模型来预测视频的客观质量,该模型可以针对多种不同的失真进行预测,如模糊、抖动、不自然运动、总体噪声、方块效应、色彩流失和丢包对视频质量的影响。VQEG 做了大量相应的主观实验,证实了 VQM 在编码方式为 MPEG-2 和 H.263 时视频的客观质量与主观质量有很好的相关性,因此该方法被 NTIA 和 ITU-T 作为第二代 TV 的视频质量评估标准。

1.5 本书主要内容

本书结合国家自然科学基金"基于码流的网络视频无参考质量评估研究"

(项目号：60902081），河南省高等学校重点科研项目（项目号：21A510006），河南省重点研发与推广专项项目（项目号：192102210253），及西安电子科技大学与华为多媒体联合实验室项目"UMTS网络中影响视频质量的关键参数研究""视频电话质量评估研究"等，主要研究了网络视频的客观质量评估方法，给出了几种新的网络视频的客观质量评估方法。

本书章节安排如下：

第1章：绪论。介绍本书的研究背景及意义，相关问题的国内外研究现状和最新进展，本书将要完成的研究内容。

第2章：视频质量评估方法。介绍主观视频质量评估方法、客观视频质量评估方法和网络丢包的视频质量评估方法。详细讨论主观视频质量评估方法的单激励、双激励评估方法，以及应用场景。根据不同分类原则对客观视频质量评估方法进行分类，并详细讨论各个分类的使用场景及使用方法；最后归纳和总结本书主要研究的网络丢包对视频质量评估的算法。

第3章：H.264/AVC 网络视频的丢包失真评估。针对 H.264/AVC 所使用的新编码技术，详细研究由 H.264/AVC 所使用的新编解码技术引起信道误码、空时域误码传播、空时域误码掩盖及去方块滤波对视频质量的影响，给出一种计算网络视频丢包失真 MSE 的无参考视频质量评估算法。充分利用该算法得到 MSE 信息，并结合视频内容空时域特性，对全参考视频质量评估方法 SSIM (structural similarity metric) 进行改进，给出一种基于 SSIM 的半参考视频质量评估算法。并对给出的模型进行仿真实验。

第4章：考虑丢帧类型的无参考视频质量评估模型。针对在网络节点进行视频质量评估特点——需要满足实时性和资源开销小，同时不同的丢帧类型、视频内容、包丢失位置对视频的质量影响不同。首先研究了 MPEG 编码结构、片丢失、整帧丢失及相关的包丢失对视频质量的影响；然后对丢失不同帧类型、网络单丢失包时的视觉容忍性和视频内容特性对视频质量的影响进行详细的研究，基于此给出一种无参考视频质量评估模型，并对给出的模型进行仿真实验，实验结果表明，使用该视频质量评估方法测得的视频丢包失真质量评分与其主观质量评分有很好的一致性。

第5章：考虑丢包特性的无参考网络视频质量评估模型。不同的包丢失率对视频质量的影响不同，但在相同的包丢失率情况下不同的包丢失集中度对视频的客观质量影响同样不一样。首先研究不同的包丢失率对视频质量的影响；然后针对在相同的包丢失率情况下，不同的包丢失集中度对视频的质量影响不同，研究视频在相同的包丢失率情况下不同的包丢失集中度对视频质量的影响，并考虑视频内容对视频质量的影响，给出一种客观视频质量评估模型，并对给出的模型进行仿真实验。

第 6 章：考虑人眼视觉特性的无参考网络视频质量评估模型。视频通信的最终信宿是人，对视频质量的评价取决于人眼的主观感受，因此合理的视频质量评估方法必须符合人眼的视觉特性，由此，给出一种考虑人眼视觉特性的无参考网络视频质量评估模型。首先对网络丢包、误码传播以及包丢失在视频帧内的位置对视频帧质量的影响进行详细的研究；然后研究网络丢失多包时的人眼视觉容忍性对视频序列质量的影响；最后通过对视频序列时域失真的研究进而得到整个视频序列的客观质量。实验结果表明，使用该视频质量评估方法测得的视频丢包失真质量评分与其主观质量评分有很好的一致性。

第 7 章：结论与展望。综合概述书中的研究内容和研究结果，并指出进一步研究的内容和方向。

第 2 章 视频质量评估方法

2.1 引言

随着视频压缩和通信技术的迅速发展,以及宽带网络的快速发展及广泛应用,视频电话、数字电视、视频会议、网络视频等得到前所未有的发展。视频内容服务商需要依据客户的等级提供不同的视频质量服务。因此,如何有效地评价网络视频质量受到越来越多的关注。

目前视频质量评估已经成为一个非常热点的研究课题。参与视频质量评估研究的标准化小组有:ITU-T 的 SG9 和 SG12,ITU-R 的 SG11 以及美国国家标准协会的 T1S1,另外,ITU-T 和 ITU-R 研究小组于 1997 年联合成立视频质量专家组,主要致力于视频质量评估方法的研究及相关标准制定。除这些标准化小组,还有 IBM、韩国的 SK 电信集团、华为技术有限公司等大型企业也在致力于开发准确高效的视频质量评估方法。此外,西安电子科技大学、北京大学、天津大学和浙江大学等也已经从事多年的视频质量评估方面的研究工作,并且取得了丰硕的成果。视频质量评估方法可以分为:主观视频质量评估和客观视频质量评估。本章根据不同准则分别对已有的主观视频质量评估方法和客观视频质量评估方法进行归纳、总结和分析,为客观视频质量评估方法的研究做好准备。

本章的内容安排为:2.2 节介绍主观视频质量评估方法;2.3 节根据不同的分类方法,详细介绍各种客观视频质量评估方法;2.4 节详细介绍基于网络丢包视频质量评估方法;2.5 节为小结。

2.2 主观视频质量评估方法

主观视频质量评估是视频质量评估研究的主要课题之一,主观视频质量评估是人对视频质量的主观反映,最为真实,因此可为评估客观视频质量评估方法的有效性提供主要依据,具体做法是通过一组观察者(15~30 人)观测一系列的失真视频和参考视频;然后按照失真视频损伤的程度给出平均意见得分(mean opinion score,MOS);最后对所得数据进行分析处理[15-16,39]。

由于主观视频质量评估更多地融入了人的主观意志和想法,为了确保在不

第 2 章 视频质量评估方法

同的实验室所得的主观测试结果具有通用性,ITU-T 分别在 1999 年制定了多媒体应用系统测试的协议标准 ITU-T Rec. P. 910[15] 和 2002 年制定了电视系统测试的协议标准 ITU-R Rec. BT. 500[16]。这两个标准分别针对主观视频质量评估的一般问题如测试环境、观看距离、测试人员、测试序列、光照强度、序列播放时间等都作了详细的规定。

根据给观测者可看到的视频序列个数,主观视频质量评估方法又可分为单激励和双激励方法。下面分别对这些方法进行简单的总结。

2.2.1 双激励主观视频质量评估方法

1. 双激励损伤等级法(DSIS)

DSIS(double stimulus impairment scale)是一种双激励主观视频质量评估方法。在此方法中,首先观测者连续观看多个由原始参考视频序列和失真视频序列组成的"视频序列对",视频播放顺序为:先原始参考视频序列后失真视频序列,然后用已定义的失真测度对失真视频序列进行评分。该方法采用离散 5 分制来表示失真的程度,分制见表 2.1,其评分流程如图 2.1 所示。

表 2.1 DSIS 失真测度

平均判分	描述	质量等级
5	图像清晰流畅,丝毫看不出图像质量变化	很好
4	图像较为清晰流畅,不影响观看	好
3	图像有模糊感、多在动态区域,质量变坏	一般
2	图像明显模糊变形,妨碍观看	差
1	图像严重变形,动态区域冻结,严重妨碍观看	很差

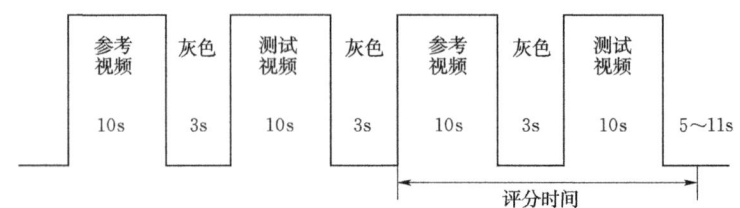

图 2.1 DSIS 的评分流程

2. 双激励连续质量等级法(DSCQS)

DSCQS(double stimulus continuous quality scale)也是一种双激励评估方法。但与 DSIS 不同的是,"视频序列对"的播放顺序是随机的,并且要求对"视频序列对"中的两类视频都进行评分。在该方法中,使用了一种连续评分测度,如图 2.2 所示,其评分流程如图 2.3 所示。对于评估时变的运动视频序列,每段视频序列的长度为10s,且重复播放2次较为合适;而对于静止的图像而言,每一幅图像播放3~4s,重复播放5次,最后2次主要用于评分较为合适。

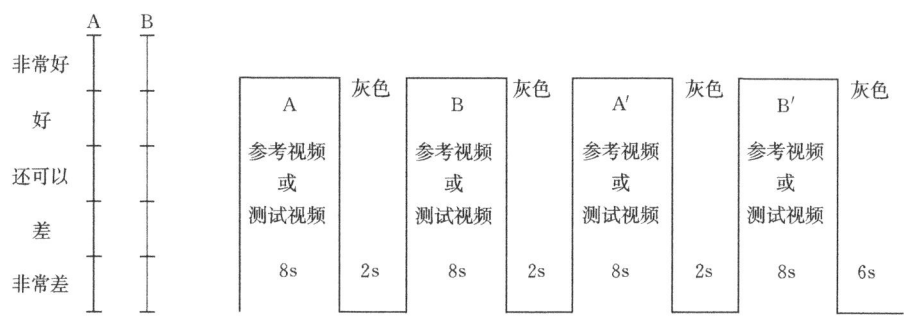

图2.2 DSCQS质量评分测度　　图2.3 DSCQS的评分流程

从VQEG对前后视频序列内容对视频的主观质量的影响研究结果可知,DSCQS方法是比较优秀的主观视频质量评估方法,但其缺点在于大量的视频序列冗余限制了这种主观视频质量评估方法。

3. 同时双激励连续评价法(SDSCE)

在前面所研究的两种双激励视频质量评估方法中,视频序列观测时间长都被限制在10s左右,但是在实际应用中一般视频序列往往要超过10s,因此,为了满足这种需要,ITU-R设计了SDSCE(simultaneous double stimulus for continuous evaluation)方法[16]。在SDSCE方法中,要求观测者同时观看两组视频序列,一组参考视频序列(原始视频)和一组测试视频序列,同时还要求观测者在观看视频序列的同时分辨两组视频的不同之处并且对测试视频序列进行判断评分。为了更好地统计这种方法的有效性,每一对视频序列要求至少持续2min。而SDSCE方法的缺点在于这种方法要求观测者必须同时观测两组视频,注意力要不停地转换。

2.2.2 单激励主观视频质量评估方法

双激励主观视频质量评估方法是比较参考视频和失真视频进而对视频进行质量评估。但是在实际生活中,视频终端的观看者直接对接收到的视频质量进行评价的居多,并且在视频终端的观看者受限于网络资源、带宽有限等不能得到原始视频。而单激励评估方法不需要原始视频,因此,适用范围比双激励评估方法更广泛,本小节接下来对单激励视频主观质量评估方法进行详细介绍。

1. 单激励法(SSM)

SSM(single stimulus methods)是一种单激励视频质量评估方法。在此方

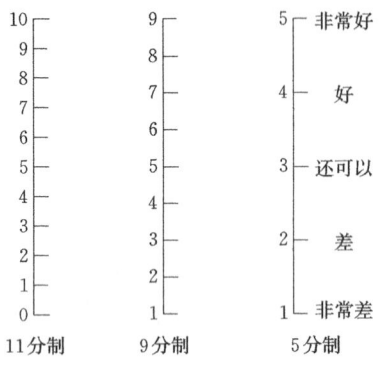

图 2.4　SSM 3 种质量评分测度

法中，原始参考视频序列和失真视频序列是随机地组合在一起，不同观测者观看的视频序列顺序也不同，并且要求对每一个视频序列进行评分。SSM 方法有两种具体实现方式：①SS（single stimulus），不重复播放测试视频序列；② SSMR（single stimulus with multiple repetition），重复播放测试视频序列多次。SSM 方法最常用的质量评分测度是 5 分制，为提高评分精度，可采用其扩展的 9 分制和 11 分制，如图 2.4 所示。

2. 绝对等级评价法（ACR）

SS 方法在 ITU－T Rec. P. 910 中又称为 ACR（absolute category rating）方法。在此方法中，为了减弱视频序列播放时上下文效应（context effect）对主观质量评估的影响，每次实验均以随机的形式显示多个测试视频，不同观测者观看的视频序列顺序也不同，观测者对每一个视频序列进行评分。

在实际应用中往往会缺少参考视频，因此假设所有的参考视频都是没有受损的完好视频。然而在现实生活中视频信息在采集过程中难免会受到不同程度的损伤，因此在视频质量评估过程中无法判断这些损伤是否是为了测试而人为的损伤或者是在视频采集时所受到的损伤。为了解决这一问题，VQEG 提出一种 ACR－Hidden Reference 方法。这种方法是将原始视频随机地插入到测试视频库中，最后由观测者最终来判断，但是观测者并不知道有原始视频的存在，最终处理时，将参考视频的得分减去相应的失真视频的得分得到 DMOS（differential mean opinion score）值，从而将参考视频的影响去除。

3. 单激励连续质量评价法（SSCQE）

SSCQE（single stimulus continuous quality evaluation）也是一种单激励视频质量评估方法。在此方法中，观测者只能观看失真视频序列，与上述的几种主观视频质量评估方法不同的是该评估方法采用的是较长的视频测试序列，此方法的主要目的是为了评估测试视频序列持续时间较长的视频，测试视频序列持续时间 20~30min，最短时间为 5min，而且由不同场景内容、不同质量参数（比如 QP）的片段组合而成，并且测试视频序列只播放一次，没有原始参考视频。要求观测者持续对测试视频序列进行评估，得到一系列的测试视频序列的质量分值，最后对多个观测者的对应时段的评分取平均得到 MOS 值，即测试序列的最终评分结果。该评估方法由观测者自主控制评分的速度，对任意持续时间大于 5min 的视频序列进行实时视频质量评估，这样能够快速跟踪视频质量的变化，所以该方法非常合适对质量变化较大的视频序列进行主观评测。

通过对单激励和双激励两种主观视频质量评估方法的比较分析可得知，在双激励主观视频质量评估过程中观测者可以看到原始参考视频和测试视频序列，从而对两种视频序列进行对比，可以得到更为精确的视频质量评估结果；然而单激励主观视频质量评估方法只能看到测试视频序列并且只看一次就要对视频序列进行评估。虽然双激励评估方法能够得到更为精确的评估结果，但是观测者需要花费更多的观测和评估时间。

主观视频质量评估方法是完全根据用户的视觉感受对视频序列进行评估，因此能够准确反映视频的质量，能够很好地适用于各种视频图像系统中。但主观视频质量评估方法仍存在以下不足之处：①复杂，主观视频质量评估方法必须提供严格的测试环境，并且要考虑大量的影响因素和可能性；②费时，需要对大量的视频序列进行评估，因此容易引起观测者的厌烦情绪并导致准确度下降，不利于实时视频通信中视频质量的评估；③昂贵，需要大量的视频序列和人力。

2.3　客观视频质量评估方法

由上述分析可知，主观视频质量评估方法的实施过程过于复杂、费时和昂贵等，且结果受到实验环境、实验设备和观测者等多种因素的影响，因此该方法劳动强度大、费时，受到观察者背景知识、观测动机、观测环境等因素的影响，结果稳定性差，可移植性也差。而客观视频质量评估方法是利用一定的数学模型对影响视频质量的各种因素进行建模，最终由计算机根据该模型客观地给出评分来预测视频质量，其关键因素是：找到一个或几个合适的视频质量度量参数去衡量视频序列的好坏[77]。观测者的主观感受是评判视频最终质量的基准，因此在相同视频系统和测试条件下，要求客观质量评估结果与主观质量评估结果具有很好的一致性。

根据不同的分类方法可以对客观视频质量评估方法进行不同的分类。根据可利用到的原始视频序列多少程度，客观视频质量评估方法可以分为全参考客观视频质量评估方法、半参考客观视频质量评估方法和无参考客观视频质量评估方法；而根据对解码后的视频分析情况可以分为数据参数模型（data metrics）和图像参数模型（picture metrics）；根据视频客观质量评估模型的输入参数及其对视频流的介入情况又可分为规划参数模型（parametric planning model）、分组层参数模型（parametric packet-layer model）、比特流层模型（parametric bit-stream-layer model）、媒体层模型（media-layer model）以及混合模型（hybrid model）[78]。下面分别介绍这几种客观视频质量评估方法。

2.3.1 依据可用到的原始视频信息程度分类

1. 全参考客观视频质量评估方法（FR）

FR（full reference）是通过比较参考视频序列和测试视频序列每一帧之间的差别得到测试视频的质量。该方法需要获取完整的原始参考视频，并且通常是没有被压缩和损坏的视频，因此对实际运用来说是一个巨大的限制。该方法得到的视频客观质量是测试视频的保真度或者说是原始参考视频和测试视频之间的相似度。目前应用最为广泛的全参考视频质量评估方法是 MSE、PSNR 和基于 HVS 的模型。

2. 无参考客观视频质量评估方法（NR）

NR（no reference）方法在评估时只能得到测试视频序列而无法得到参考视频序列。NR 方法只是通过对接收到的测试视频进行分析和处理提取到视频序列的某些失真信息，如方块效应、模糊等，然后根据这些失真的特征信息来评估测试视频的质量。不参考任何原始视频信息，因此 NR 方法更具有挑战性。在实际生活中受传输带宽的限制，同时视频内容数据量比较大，视频在传输过程中传输原始视频显得很不现实，而且如果进行完全解码耗费资源并且耗费时间，为了确保客户终端的 QoS，具有资源开销小、实时性好的视频质量监控方法显得尤为重要。FR 方法需要原始视频的全部信息，RR 方法需要部分原始视频的信息，而 NR 方法则不需要原始视频信息，因此 NR 方法显得更为可行。但是当测试视频序列中存在评估模型所没有考虑到的失真类型时，该模型的评估性能会急剧下降。

对 NR 方法可再分为：基于像素的无参考客观视频质量评估方法（NR-Pixel，NR-P）和基于码流的无参考客观视频质量评估方法（NR-Bitstream，NR-B）。NR-P 参数模型只能通过分析得到的像素信息来评估测试视频的质量；NR-B 参数模型只能通过分析得到的比特流来评估测试视频的质量。

3. 半参考客观视频质量评估方法（RR）

RR（reduce reference）方法是介于 FR 方法和 NR 方法的一种方法。RR 方法是指通过对参考视频序列或者测试视频序列施以某种运算，得到部分参考视频或测试视频序列的某种特征信息，这些特征信息如运动矢量或空时域信息等，即视频序列的特征提取过程，然后对提取到的特征信息进行分析和计算来实现失真视频的质量评估。RR 方法的评估模型框架如图 2.5 所示。

RR 方法减少了 NR 方法的一些假设和不足，同时又保持了一定量的参考视频的信息，而 RR 方法比 FR 方法用到的信息更少，因此降低了评估模型的计算复杂度，同时又降低了对带宽的要求。RR 方法只提取视频少量的特征信息，因此占用带宽极其有限，可以将其进行编码后和视频数据一起传输，或者通过另

2.3 客观视频质量评估方法

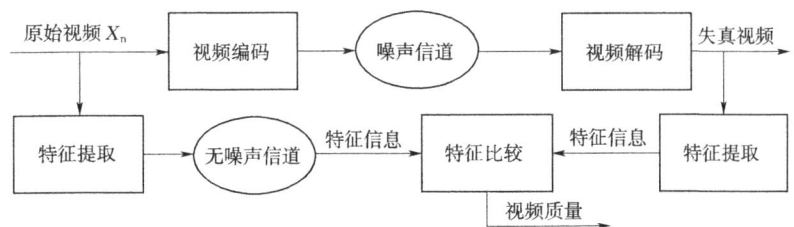

图 2.5 RR 方法的评估模型框架图

设辅助信道传输，所以该方法可以用于对视频质量的实时监控。但同样也存在着如果测试视频序列存在与提取到的特征信息没有考虑到的视频失真时，RR 方法的性能就会大大降低。

这三种客观视频质量评估方法都有各自不同的应用环境。FR 方法需要严格地应用到参考视频，FR 方法较适合用于为了调整编码参数的离线视频质量评估或实验室测试评估；NR 方法和 RR 方法较适合用于网络视频系统中任意节点嵌入式视频质量监控，NR 方法也可方便地用于网络终端视频质量监控和评估。

2.3.2 依据对解码后视频分析情况分类

1. 数据参数模型

数据参数模型是指在视频质量评估时只考虑测试视频序列与原始参考视频序列的相似程度而不考虑视频内容，数据参数模型常用的两个模型参数是 PSNR 和 MSE。在较长一段时间内，PSNR 和 MSE 在对视频质量评估或图像质量评估时占有重要的地位。MSE 和 PSNR 见式（2.1）和式（2.2）。

$$\mathrm{MSE} = \frac{1}{MN} \sum_{m=1}^{M} \sum_{n=1}^{N} (o_{m,n} - r_{m,n})^2 \qquad (2.1)$$

$$\mathrm{PSNR} = 10\lg \frac{255^2}{\mathrm{MSE}} \qquad (2.2)$$

式中：M、N 分别为视频帧图像的宽度和高度；$o_{m,n}$、$r_{m,n}$ 分别为原始参考视频序列一帧图像和失真视频序列相对应的帧在点 (m,n) 处的像素值。

由式（2.1）和式（2.2）可知 PSNR 和 MSE 计算简单且容易硬件实现并且具有明确的物理意义，因此得到广泛的使用。但 PSNR 和 MSE 同样存在着不足：①计算 PSNR 和 MSE 时要确保参考视频序列帧与测试视频序列帧要同步，并且像素点位置也要完全相同，这就增加了计算 PSNR 和 MSE 的难度；②计算 PSNR 和 MSE 是基于像素的计算，完全没有考虑观测条件对视频质量的影响；③计算 PSNR 和 MSE 时只对原始参考视频和失真视频的像素的误差进行简单的累加，平等对待视频内容对视频质量的影响；④计算 PSNR 和 MSE 时，没有考虑 HVS 对视频质量的影响，这种方法的缺陷在丢包视频质量评估应用中尤为显著，因为丢包在不同视频段中所引起的视觉影响有很大的不同。由于这两种方法存在以上 4 种不足，因此该方法得到的客观视频质量与主观的视频质量的一致性比较差，如图 2.6 所示，这两幅图具有相同的 PSNR，但是却拥有不同的主观视频感观质量。

图 2.6　具有相同 PSNR 拥有不同的主观质量示意图

导致具有相同的 PSNR 而不同的主观感知质量这一现象的发生主要有两个原因，并且这两个原因都与人眼视觉系统有关，具体原因如下：

（1）数据参数模型对视频某些类型失真的评估失效性。即人眼视觉感知系统对视频序列的某些失真的感知是否明显主要取决于该失真的类型和属性。比如人眼视觉感知系统对于高频部分和图像左侧部分的失真感知不太敏感，但人眼视觉系统对低频噪声和右侧图像的失真感知特别敏感。

（2）数据参数模型对视频某些内容区域的失真评估失效性。即人眼视觉系统对视频或图像内容中某些区域的失真感知不会特别敏感。比如失真发生在如图 2.6 所示的船头或海的部分，就不容易被人眼视觉感知，由于这部分图像的空域复杂度比较高，人眼视觉系统的空域掩盖效果比较明显。而如果失真发生在如图 2.6 所示的天空部分，就很容易被人眼视觉感知，由于这部分图像的空域复杂度较低，人眼视觉系统的空域掩盖效果就会不明显，因此失真就会被人感知，失真就会特别明显。对于时域复杂度不同的情况下也有相同的结论。

MSE 能够反映某一种特定的失真如对于加噪声的计算特别准确，但是 MSE 不能很好地反映视频的主观感知质量[41]。而基于 MSE 的改进型模型在一定程度上能够反映视频的主观感知质量[42-43]。

对于网络丢包对视频质量影响评估时，数据模型同样只是计算视频序列的传输误差，如对比特错误率或者丢包率的计算，而没有考虑包丢失特性和视频内容等。比如在同样的丢包率下，不同的丢包集中度或包丢失的位置对视频质量影响不同；还有同样的比特错误率或丢包率，视频内容复杂度不同则人眼对视频的主观感知质量也会不同。因此，数据参数模型对网络包丢失的视频失真评估时同样也存在诸多的不足。

2. 图像参数模型

为了克服上述数据参数模型的不足，研究者提出了考虑视频内容和不同视频失真类型对视频质量影响的评估模型，图像参数模型指的是在视频质量评估时更多地考虑视频数据内容的本身。这些模型可以再分为基于视觉模型方法和工程流程方法[3]。

（1）基于视觉模型方法是基于人眼视觉系统各个组成部分的评估模型。即尽量把与视频质量有关的人眼视觉系统模型考虑到视频质量评估模型中去，如色彩感知、对比灵敏度和模式掩盖等，然后利用心理实验的模型和数据得到视频质量[44]。鉴于该类视频评估模型的一般性，该类视频质量评估模型原则上能够评估各类视频的失真。基于人眼视觉系统的质量评估模型可以追溯到20世纪70—80年代，Mannos和Sakrison[45]以及Lukas和Budrikis[46]首先提出的基于人眼视觉系统的图像和视频的客观质量评估方法。随后，如Daly提出的VDP方法（visual differences predictor）方法[47]；Wu等提出的JND（just noticeable differences）方法[48]；Branden等提出的MPQM（moving picture quality metric）方法[49]；以及Winkler等提出的PDM（perceptual distortion metric）方法[50]。

（2）工程流程方法主要是对视频的某种信息或某种失真的提取和分析。因此该方法主要是针对由视频的处理、压缩或传输引起的失真，如方块效应、模糊等。该类方法通过视频的某些特征信息来确定视频的感知质量，因此该类方法在设计时没有考虑人类心理和视觉系统对视频质量评估的影响，而只考虑视频的内容和失真信息对视频感知质量的影响。Winkler等首先研究了视频特殊空时域特性，如方块效应、闪烁、抖动等，然后联合这些因素对视频质量的影响，最后得出视频的客观质量[51]；Wang等提出了SSIM（structural similarity）的视频质量模型，该模型首先计算视频帧宏块的均值、方差和协方差，然后把这些测度值映射到视频的失真中去，运动估计值作为视频帧图像SSIM的权值系数，最后对视频帧进行加权得到视频序列的客观质量[52]；在Pinson和Wolf提出的VQM（video quality metric）方法中，首先把视频序列分解为空时域单元块，然后计算视频的特征信息，最后对比从测试视频与原始视频提取到的特征信息从而得到视频的客观质量[53]；Liu等则是针对FoA方法进行了改进[54]。

2.3.3 依据对网络视频码流的介入程度分类

1. 规划参数模型

规划参数模型是根据网络参数和视频参数来预测传输视频的质量，该模型通常应用于网络和业务规划时的视频质量评估，一般不用于实时网络视频的质量评估。该模型的输入信息主要是网络参数(如丢包率、时延等)和编码参数(如编码速率、帧率等)。规划参数模型基本框架如图 2.7 所示。

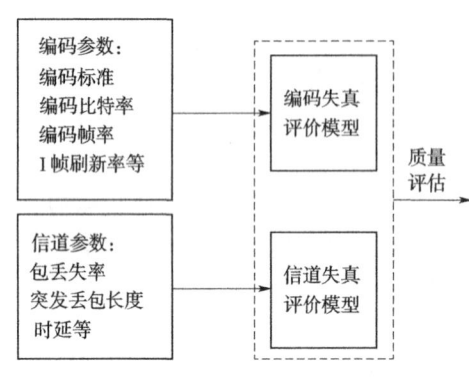

图 2.7　规划参数模型基本框架图

根据主观实验结果,德国电信提出了考虑编码压缩和分组丢包对视频质量影响的客观质量评价模型,该参数规划模型可应用于网络规划以及服务质量的监控两种应用环境。NTT 针对视频电话的应用提出一种规划参数模型用作网络规划工具,该模型主要考虑了对一特定的压缩码率都存在一个最佳编码帧率,该模型结合视频帧率、压缩码率、分组丢包率等参数预测质量,分别对编码压缩失真和丢包失真进行了评价,并且得到的客观视频质量与主观视频质量评估得到的视频质量有很好的一致性,在此基础上 ITU-T 于 2007 年形成标准 G.1070[17],该标准是针对 IP 网络点对点交互式视频电视电话应用提出的一种规划参数模型,该标准作为视频电话的 QoS 规划工具。Joskowicz 等针对 G.1070 存在的不足从 4 个方面对其进行了改进[55]:①减少一个模型的参数;②考虑了视频内容(运动复杂度);③考虑了视频内容格式和增强了扩展性;④提高了 G.1070 标准的评估性能。

由以上分析可知,参数规划模型主要用于规划网络业务。针对某一特定的视频编码方式,该类模型也可以对其进行视频质量监控[56-57]。

2. 分组层参数模型

分组层参数模型在视频质量评估时能使用到数据是包头信息。只通过分析包头即可得到所需的参数,因此计算复杂度低,适用于对网络节点大量视频流的质量进行实时监控。另外,不需要对视频流进行完全解码,在视频相关有效载荷信息加密时,该模型优势尤为突出,因此备受研究者的青睐。分组层评价模型 P.NAMS 目前正处在 ITU-T 标准化进程中。

目前较为常用的压缩视频流传输协议为 MPEG-2-TS/UDP/IP、RTP/UDP/IP 和 MPEG-2-TS/RTP/UDP/IP。图 2.8 给出了用于监控 IPTV 服务质量的分组层参数模型的基本框架[56]。从该框架图可以得知,该模型只允许对接收到的 RTP、UDP 和 IP 头信息进行分析,通过对包头信息的分析可以提取视频及信道的参数信息,比如通过对 UDP 头信息和 RTP 头信息的分析可以得到视频流的分组载荷信息的比特数;通过 RTP 头的序列号可以得到视频流的丢包位置;通过 RTP 头信息的时间戳和帧结束标识可以区分不同的视频帧类型等[58]，进而对视频进行质量评估。包层参数评价模型主要由 4 个单元组成：参数提取单元、编码失真评估单元、包丢失失真评估单元和系统库，系统库里的数据是通过主观视频质量评估实验来确定。

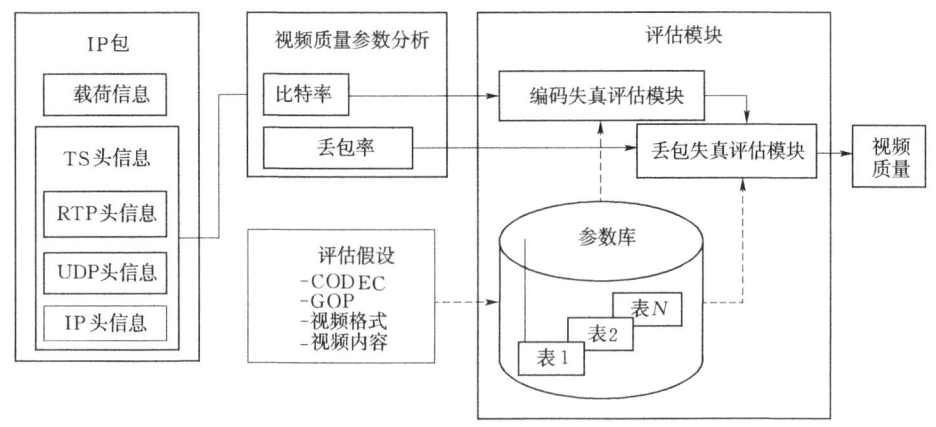

图 2.8　IPTV 视频质量分组层参数模型基本框图

现有的视频编码标准使用了运动补偿，误码传播是不可避免的，误码传播是影响视频质量的另一重要因素。图 2.9～图 2.12 描述了不同帧类型发生丢包时的误码传播关系。从图 2.9～图 2.11 可以看到 I 帧作为其他编码模式帧的参考帧，因此 I 帧丢失时往往会影响到后续的编码帧，直到解码端再接到没有受损的 I 帧误码传播才结束。由图 2.12 可以看出，当 P 帧丢失或受损时也会影响后续其他的参考该受损帧的后续帧，直到接到下一个没有受损的 I 帧，误码传播才结束。在 MPEG-4 编码器中，B 帧不作为其他帧的参考帧，B 帧受损时只影响当前帧的视频质量，但在新的编码器 H.264/AVC 中 B 帧也作为参考帧，如果 B 帧被损坏则会影响以 B 作为参考的后续帧。因此，在评估包丢失对视频质量的影响时还需要考虑数据包丢失的具体位置和所丢失的帧类型等特性。

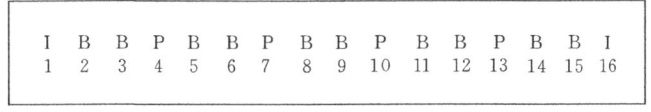

图 2.9　15∶2 GoP 结构

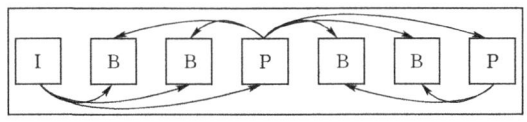

图 2.10　GoP 内各帧之间的参考关系

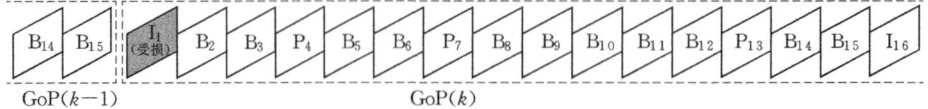

图 2.11 开放式 15∶2 GoP 结构

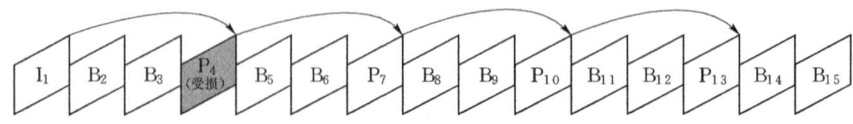

图 2.12 P 帧损伤对视频的影响

You 等在 G.1070 的基础上提出适用于网络电视视频质量监测的分组层参数评价模型 T-Model，该模型考虑了丢包类型及丢包位置对视频质量的影响，其评估性能相对 G.1070 有所提高[59]；Yamada 等根据每个视频的压缩速率来预测视频的帧类型等特性，进而确定数据包丢失引起的误码传播长度，从而提高预测网络视频质量的准确度[60]；而 ITU-T SG12 的提案中则是利用分组头信息预测视频帧类型、视频内容复杂度等特性，进而提高预测网络视频质量的准确度。

由上面的分析可知，网络视频的质量与内容特性、丢包位置和丢包的帧类型等视频特性密切相关，但只利用了有限的包头信息导致并不能准确获得视频的特征信息，使得该类型质量评估模型的精度受到一定的制约。

3. 比特流层评价模型

比特流层评价模型能够利用到的信息是视频流载荷的相关信息，因此可以较为准确地得到视频的特征信息，通过分析包头信息和视频载荷的相关信息可以获取视频的特征参数，这些参数通常包括：帧类型、视频内容特性、编码比特率、包丢失率、量化因子、包丢失的位置等，然后根据获取的这些特征信息对视频质量进行预测评估。相对于包层参数模型，该模型能用利用到的信息更多，因此，可以更准确地预测视频的质量，但同时也意味着需要对视频进行更深入的介入和分析，这将会导致计算复杂度的增大[42]。该模型框架如图 2.13 所示。ITU-T 正在标准化比特流层评价模型 P.NBAMS。

在比特流层评价模型中 PSNR 常常用于预测视频的质量[61-62]。从 2.3.2 小节分析可知，PSNR 在很多情况下并不能很好地反映视频的主观感知质量，因此在实际应用中研究者更多地把视频内容特性、量化参数等考虑到视频质量评估方法中去，如考虑了视频内容特性对视频质量的影响[63]，考虑了量化参数对视频质量的影响[64] 等。Watababe 等分别对压缩失真和包丢失对视频质量的影响进行了研究，并针对视频内容特性、误码传播以及人眼的空时域掩盖效应的影响进行分析，进而提出了基于比特流分析的视频质量评估模型[65]。

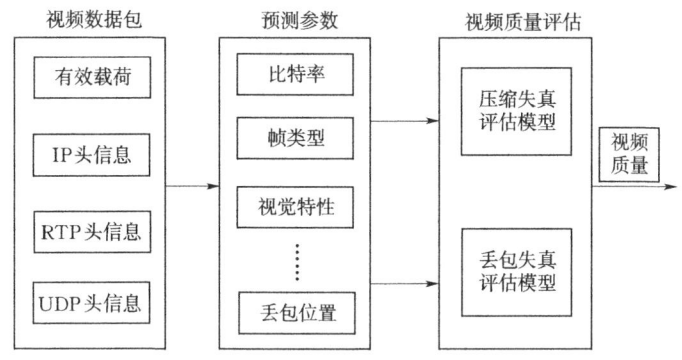

图 2.13 比特流参数分析模型的基本框图

由以上分析可知,比特流层评价模型可以利用视频流的相关载荷信息,其中编码速率、量化参数、空时域复杂度是预测视频压缩失真的关键参数,而压缩失真、包丢失位置、包丢失率、丢失视频帧类型、时域复杂度是预测视频包丢失对视频质量影响的关键参数,因此可以更为精确地预测视频质量。

4. 媒体层评价模型

媒体层评价模型主要利用解码恢复后的视频信息评价其质量,通常是基于像素的评价模型,然而视频流的相关信息与视频的质量密切相关,如比特流层的量化因子可以很好地反映视频的编码失真,根据包头信息得到的丢包位置、丢包帧类型等可以很好地反映视频的丢包失真。VQEG 已经开始针对一些小的视频格式及 HDTV 格式的媒体参数模型的研究,且近年来众多研究者提出了诸多的基于媒体层的视频质量评估方法[66-69]。

由以上分析可知,媒体层评价模型无法使用网络视频流的相关信息,只是通过分析解码恢复的网络视频像素值来预测视频的质量,并且该类模型通常需要对视频流进行完全解码,因此不适用于实时性要求较高的场景。

5. 混合评价模型

混合评价模型可以利用到对比特流和视频恢复后的分析得到任何信息。图 2.14 给出了这几种评价模型可以利用到的信息及其相互关系,从图中可以看到混合评价模型可以使用其他模型的所有信息,因此,混合评价模型具有更为准确的性能,但是能够利用更多的信息同时也意味着更为复杂的参数提取或视频质量预测过程。混合评价模型的关键问题在于如何有效地提取参数和选择参数,以及如何有效地组合

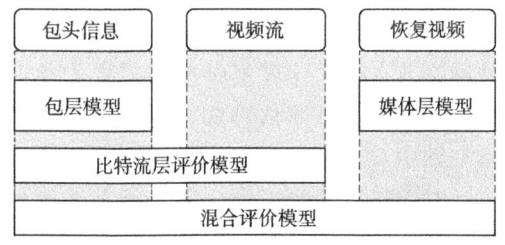

图 2.14 各类模型关系框图

第 2 章 视频质量评估方法

利用各个参数。VQEG 正在标准化混合评价模型。Davis、Sugimoto、Yamagishi 等提出了几种典型的混合型视频质量评估模型[70-72]。

2.4 基于网络丢包视频质量评估方法

2.4.1 网络视频通信

网络视频的迅速发展，使得越来越多的研究者更青睐于对网络丢包等引起的网络视频失真的质量评估研究。网络视频质量评估研究的兴起反过来又影响着网络视频服务的进步使得更多的视频应用于 IP 网络，如现在的 IPTV 的广泛应用。

图 2.15 给出了网络视频通信的基本框架结构。从该框架结构图可以看到，首先使用摄像机对目标进行摄像采集；然后对摄像机采集到的视频图像按照一定的编码标准进行编码，其中在编码时为了保证网络视频服务良好的实时性，需要对编码后的码流进行数据封装打包后才能发送到传输网络中去，一般采用的是 UDP（user datagram protocol）方式进行传输；然后在接收端对接收到数据流通过相应的解码器进行解码；最后再送入显示设备供消费者进行观看。

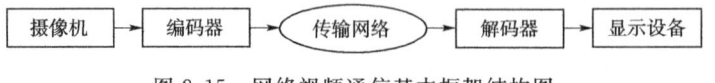

图 2.15 网络视频通信基本框架结构图

在对编码后视频数据流传输之前，首先需要对视频数据流进行网络打包封装，目前比较常用的音视频传输打包封装协议为 RTP（real - time transport protocol）协议。

图 2.16 给出了网络视频流的框架结构，由图可知，一个网络视频通信系统主要由视频编码、传输网络和视频解码三部分组成。在框架图中编码端 A 处，可以方便地获取到原始参考视频的所有信息，因此在此处的视频质量评估方法中较多地采用全参考视频质量评估方法，但无法得知确切的网络状况，只能采用统计的办法得知网络的状况信息；而在 B 处，由于受到带宽的限制，无法获取原始参考视频信息，因此一般采用部分参考或无参考的视频质量评估方法，另外网络节点处受计算复杂度和需要大量业务处理的限制，一般采用计算复杂度较低的视频质量评估算法，可以使用基于数据包信息的评价模型；通常在接收端如图中 C 处，一般无法得到原始参考视频信息并且无法得知准确的误码掩盖算法对视频质量的影响，但是能够准确地得到网络的情况，可以确切地计算网络对视频质量的影响；而解码后的视频如图中的 D 处，能利用到的信息只有解码重建后的视频信息，因此只能采用媒体信息进行视频质量评估。

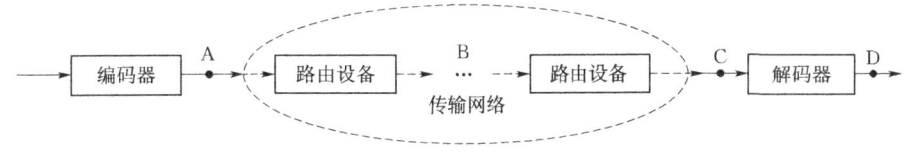

图 2.16 网络视频流的框架结构图

2.4.2 网络丢包对视频质量的影响

网络的时变不稳定性，编码压缩后的视频通过 IP 网络传输，包丢失、时延抖动等现象是不可避免的，在显示端视频显示时，时延抖动可以等效成网络包丢失。在编码方式一定的情况下，网络丢包是引起网络视频失真的主要原因之一，因此包丢失率、包丢失的位置等是反映视频由包丢失引起失真的重要信息。网络视频传输过程中，许多因素都会导致数据包被丢弃，例如信道带宽大小、数据包发送时间、链路拥塞情况等。

根据 1.4.3 节可以知道，由丢包引起的视频质量下降可以分为空域视频质量下降[32-35] 和时域视频质量下降[36-38]。Claypool 等[32] 和 Lu 等[33] 主要是通过统计分析网络丢包和时延抖动对视频质量的影响，最终来预测视频的质量；Pastrana 等则认为视频内容的易变性对视频质量的影响至关重要，基于此提出了一种丢帧的视频质量评估模型[34]；Yang 等提出了一种更为复杂的视频质量评估模型来预测视频的质量，该模型充分考虑了帧丢失数量、运动矢量和局部时域质量对比等因素[35]。Qiu 等[36] 和 Babu 等[37] 分别提出了无参考视频质量评估方法，主要是利用块边缘的空域不连续性来表示视频的丢包，然后利用这种空域的不连续性来预测视频的质量，主要针对由包丢失对视频块边缘质量的影响；Rui 等通过研究发现网络的信道状况与视频质量有着很强的相关性，基于此提出了一种无参考视频质量评估方法[38]。

2.4.3 基于包和比特流的网络视频质量评估

由于网络丢包将会直接影响到编码后的比特流，因此基于包和比特流的视频质量评估在提取视频质量评估所需的信息时，往往不对接收到的视频进行解码，而只是进行简单包头分析得到所需的参数信息。该类方法不需要对视频进行解码，并且不需要原始参考视频，因此比较适用于网络节点的视频质量监控，并且能够较为容易地对多路视频或信道状况进行质量监控。但是该类模型针对特定的编解码方式和网络协议必须进行参数调整。

Verscheure 等提出了一种基于包和比特流的参数模型，该模型联合考虑了丢包率和 MPEG-2 的比特率对视频质量的影响[64]；Kanumuri 等提出了一种应用比特流的几种参数作为输入的模型[73]，这些参数如丢失片的运动矢量的长度或数量来预测由于丢包引起的 MPEG-2 和 H.264/AVC 视频的质量下降；Winkler 等则提出了五因素法[74]。

2.5 小结

本章对书中所涉及的主观视频质量评估方法、客观视频质量评估方法和网络丢包的视频质量评估方法基础理论进行了简明的介绍。首先，对主观视频质量评估方法的单激励、双激励以及这些应用场景进行了简单的介绍和分析；然后，根据不同的原则对客观视频质量评估方法进行分类，并详细地分析了各个分类的应用场景和使用方法；最后，对网络丢包的视频质量评估算法进行总结和归纳。

网络视频的质量评估已经成为网络视频得到良好发展、成功运营、确保终端用户得到高质量服务的关键，然而对视频进行特征信息提取、视频质量评估算法的计算复杂度和实时性要求，以及网络的包丢失、时延抖动等网络因素都增加了有效的评价和监控网络视频质量的困难度。

第3章 H.264/AVC 网络视频的丢包失真评估

3.1 引言

视频通信现已成为现有网络发展增值业务的重要领域。而视频压缩技术是在现有的网络技术上确保高品质视频通信的关键技术之一,因此,视频压缩编码技术是视频通信研究的热点。国际标准化组织 ISO/MPEG 和 ITU-T/VCEG (Video Coding Experts Group) 根据不同的应用特点分别制定了 MPEG-x 和 H.26x 等国际编码标准,推动了视频编码技术和视频通信的发展。为进一步提高编码效率和通信质量,MPEG 和 VCEG 联合组成了 JVT (Joint Video Team) 并结合各自的优点,于 2003 年共同推出了压缩编码标准 H.264/AVC。H.264/AVC 在继承了前几代编码成果的基础上对编码效率、抗误码性、网络友好性、语法语义等多方面进行了改进,H.264/AVC 编码标准的新特性主要是:多模式的帧内预测编码、多参考帧的帧间运动估计、整数 DCT 变换、先进的环路滤波和基于内容的熵编码。因此 H.264/AVC 在同样的保真度下与前几代编码标准相比可以减少 50% 编码比特率,同时也在计算复杂度和编码效率之间达到很好的折中[75]。H.264/AVC 使用新的编码技术提高编码效率和性能,但增大了网络传输时信道误码和误码传播对视频质量的影响。

受到信道带宽的限制,视频通信的数据往往是经过压缩后的数据。压缩后的视频数据对误码非常敏感,造成视频在恢复时视频质量严重的下降。在误码环境下,为了确保解码端恢复视频的质量,就要采用视频抗误码技术。误码掩盖技术不需要使用任何附加信息,只利用视频信息中的冗余信息和人眼视觉系统特性来掩盖出错的视频信息。误码掩盖可分为时域误码掩盖和空域误码掩盖[14]。

当视频的编解码方式确定后,视频的失真主要取决于信道状况,评估由信道引起的视频失真可以在接收端也可以在发送端。在发送端,视频的原始信号和编码后的视频都可以得到,但是信道的实际运行状况则不能得到,因而视频质量评估方法只能基于信道的统计特性进行[76-78],在解码端对视频质量进行评估可以对编码器的编码参数进行调整以达到端对端的最佳编码效率。而在接收端可以知道信道对视频影响的具体模型,但是由于受到带宽的限制原始视频或无误码的视频信号往往无法得到,因此不需要用到原始视频或编码后的视频的无参考视频质量评估方法显得更为可行。Reibman等提出了一种基于码流视频质量监控方法,该方法基于不同的算法复杂度和使用到的信息多少,提出三种不同的算法:全解析(full parse,FP)、快速解析(quick parse,QP)和不解析(no parse,NP),每一种算法在计算复杂度和评估准确度上作了平衡[42]。Yamada等提出了一种基于误码掩盖算法有效性的无参考视频质量评估算法,该算法针对运动和局部纹理比较复杂的情况下误码掩盖效果比较差,提出了基于误码掩盖有效性的视频质量评估算法[43]。Yang等提出了一种不对视频进行解码的无参考视频质量评估方法,该方法只对接收到的码流进行简单的包头分析,充分利用得到的有限信息,对视频进行质量评估[66]。Tao等提出了一种在解码端实时评估视频质量的算法,该算法首先考虑了视频流所使用的编码方式、解码端所使用的误码掩盖方法、所使用的打包方式和编码比特率对视频质量的影响,然后,提出一个新的视频质量评估参数模型——相关峰值信噪比(relative peak signal to noise ratio,rPSNR)[79]。文献[76-78]提出的算法主要针对在发送端对视频质量评估,在发送端信道状况不能得到,因此不能适用于对网络视频质量的监控。文献[42-43,66,79,90]虽然在接收端对视频进行质量评估,但是文献[42,66,79]并没有考虑误码掩盖算法对视频质量的影响,文献[43]虽然考虑了误码掩盖对视频质量的影响,但该算法并没考虑到H.264/AVC编码标准的新特性对视频质量的影响。由此,本章提出一种在解码端的H.264/AVC网络视频的丢包失真评估方法,该算法充分考虑了空时域误码掩盖、丢失预测残差、丢失预测向量、运用运动补偿引起的误码传播、帧内预测和去方块滤波等对视频质量的影响。

3.2 视频主观质量评估实验设置

视频终端的消费者是人,因此客观视频质量评估最终的结果要符合主观视频质量评估的最终结果。本书所使用的主观评估方法都是基于SSM方法中的SS方法进行实验。本节主要针对单激励的主观视频质量评估方法进行详细介绍。

3.2.1 实验设计

视频编码后经不稳定的网络传输,最终观测者感受到的视频质量主要受到信道误码失真和编码失真的影响,而本书主要是针对网络丢包对视频质量的影响进行详细的研究,因此本小节的主观实验设计主要是针对网络丢包对视频质量影响的研究。假设主要以下几个方面的网络丢包特性对视频质量影响较为显著:丢失不同的帧类型、不同的包丢失位置、不同的包丢失集中度、人眼视觉特性、不同的包丢失率和突发丢包,通过实验设计进行研究。主要的应用是视频在IP网络

3.2.2 实验条件

针对不同的环境要求有不同的观测条件,实验观测环境可分为实验室观测环境和家庭观测环境。实验室观测环境提供了检测系统性能的严格观测条件,而家庭观测环境主要针对电视质量评估的方法。本书所有的研究主要在实验室观测环境下进行的,根据建议 ITU-T Rec. P.910[15]、建议 ITU-R Rec. BT.500-11[16]、建议 ITU-T Rec. BT.814[80] 和建议 ITU-T Rec. BT.815[81] 的主观视频质量评估方法的一般观测条件,对实验室观测环境下的主观视频质量评估的观测条件进行设置。

3.2.3 实验材料的选取

在实际的主观实验中往往直接利用源视频作为参考视频,同时为了研究不同因素对视频质量的影响情况,有时也使用源视频作为系统的输入。因此,源视频应选择质量最优的视频序列作为参考视频序列,参考视频的选取是得到稳定的数据结果的关键因素。

在实际的实验中不同类型的测试序列用于不同的测试实验中,而在视频质量评估过程中有很多种方法产生测试所用的材料。

3.2.4 评分等级

观测者使用的是离散 5 分制,用平均评估分值 MOS 表示视频质量的好坏,具体主观质量分级标准见表 3.1。如果在对视频序列的评估过程中需要有较高的分辨力,则可以使用更为精确的 9 分制或 11 分制的评分等级[82]。

表 3.1 视频主观质量分级标准

平均判分	描述	质量等级
5	图像清晰流畅,丝毫看不出图像质量变化	很好
4	图像较为清晰流畅,不影响观看	好
3	图像有模糊感、多在动态区域,质量变坏	一般
2	图像明显模糊变形,妨碍观看	差
1	图像严重变形,动态区域冻结,严重妨碍观看	很差

3.2.5 观测条件

所有的实验测试均在西安电子科技大学综合业务理论及关键技术国家重点实验室多媒体通信实验室开展,所有的实验设计和实验观测环境都是基于参考文献［16］进行展开的。计算机配置：CPU 为 Intel 奔腾双核，主频为 2.8G，内存为 2G，22 寸液晶显示器，1680×1050 自然分辨率；编码方式为 H.264/AVC 和 MPEG4 两种编码方式，没有音频，播放长度一般为 8s；每个显示器前只有一个观测者，观测者距显示器的距离是 4～6H，每一个实验分为多个阶段进行。

3.2.6 观测者及对观测者的要求

观测者可以分为专家观测者和非专家观测者两类。专家观测者具有一定的视频研究背景，他们在评估视频质量时往往会通过对视频的各种客观指标方面考虑对视频序列的质量进行评估，而不是仅仅通过人眼的主观感受来评估视频质量；而非专家观测者在视频质量评估过程中主要是依靠自己的主观感受，因此可以得到比专家观测者更具有使用价值的评估结果。在评估时，一般有 5 人左右的专家观测者和 20 人左右的非专家观测者。所有的观测者均从西安电子科技大学的通信工程学院研究生中挑选，少部分为有视频通信编码背景的专家观测者，大部分为不具有视频编码相关背景的非专家观测者。

在测试开始之前，首先对观测者进行视力和视觉检查，以确保所有的观测者都具有正常的视力和色彩视觉。每个测试阶段开始时，观测者首先应该了解本次测试的方法和测试序列的选取、测试序列受到的损伤类型或者可能的品质因子、每一个测试序列所持续的时间及总测试时间和评估中所使用的评分等级[16,83]。然后给出几个样本视频序列进行预测试。

在进行正式评估时，观测者应该做到：①按照评分等级说明对依次出现的视频序列进行独立评分；②避免受到环境的干扰分散注意力，同时也避免上一个视频序列或上一个相同内容的视频序列的影响；③要在第一时间内根据自己的主观感受迅速作出判断并给出相应的评分结果。

为了避免观测者由于疲劳而影响评估的准确性，每一个测试的总时长不应超过 30min。如果一个测试的总时长需要超过 30min，应将该测试分成几部分来进行，每部分中间应休息 5min，休息结束应再次向观测者提供示例。

3.2.7 数据结果分析

观测者对测试视频序列进行评分后，会出现某一些观测者在相同的测试条件下测得的评分与大部分观测者不一致，或者某些观测者在相同的测试条件下不同的时间段也有可能得出不一致的评分。因此要对测得的主观评分结果数据进行处理，首先对测得的数据结果进行分析，看是否有不合理或者异常的数据出现，如果有异常值或者数据丢失的现象发生，则要剔除该观测者的数据或修正该观测者的数据或对该观测者的数据进行补齐等处理，然后才能对该观测者测得的结果数据进行视频质量评估方面的分析[15-16,83]。给出评估结果的同时必须给出相应的测试环境、测试序列、显示器类型、观测者数量和类型以及评估结果的平均分等信息[16]，如果在数据后期处理时，有观测者被剔除，则要给出原始数据和处理后数据的均值及置信区间。

3.3 H.264/AVC网络视频的丢包失真无参考视频质量评估

在介绍丢包对视频质量的影响之前，首先对传统的运动补偿预测视频编解码如 MPEG-x 和 H.26x 的特征进行总结以便更好地理解丢包对视频质量的影响。根据这些编解码标准可知，一帧视频可以分解成不重叠的 16×16 像素的宏块，每一个宏块可以通过去空域冗余（帧内编码）或去时域冗余（帧间编码）进行编码，编码后的宏块集合成片（slices），然后进行 RTP 打包并在信道里传输。在解码端，属于包丢失的宏块是不能够解码的，因此在解码端通常要使用误码掩盖技术对受损的视频进行误码掩盖来恢复视频的质量。通常情况下误码掩盖不能很好地恢复视频的质量，帧间编码技术的使用导致在前面受损的视频直接影响到后续能够正确接收并解码的帧中去，这就形成了时域误码传播。此外，在 H.264/AVC 编码标准中[75]包含了一些新的编码模式而导致了误码的空域传播，如为了去除平坦区域的空域冗余所使用的帧内编码方式，以及为消除由基于块的运动补偿和变换编码引起的方块效应而使用的环内去方块滤波[84]。

在解码端通常采用误码掩盖技术消除网络丢包等对视频质量的影响，以提高视频在解码端的视频质量，但是误码掩盖技术只能部分消除网络丢包等对视频质量的影响。在接收端接收到的视频的质量主要取决于编码时的量化和信道的不稳定性引起的丢包失真及其引起的误码传播。丢包和误码传播对视频质量的影响主要依赖于信道的包丢失特性、编码器的误码恢复机制（如 I 帧的刷新率）和解码器运用到的误码掩盖方式。因此，建立一个准确的丢包视频质量评估模型，对编码器参数的确定、率失真优化模型和信道的错误控制都非常重要。

3.3.1 误码引起的失真

由于网络的不稳定性和易错性，在解码端接收到的视频不可避免地受到丢包等因素的影响，同时不同帧类型丢包对视频质量的影响不同[85]，因此本小节分别针对帧内预测和帧间预测的宏块能否正确接收进行讨论。

1. 帧内预测块的正确接收

当一个帧内编码的宏块正确接收时，宏块的失真可以表示为

$$E_n^i\{\text{intra-R}\} = \hat{M}_n^i - \widetilde{M}_n^i = (\hat{P}_n^i + \Theta_n^i) - (\widetilde{P}_n^i + \Theta_n^i) = (\hat{P}_n^i - \widetilde{P}_n^i) = E_n^{i,\text{SP}} \tag{3.1}$$

式中：$\hat{M}_n^i$ 和 $\widetilde{M}_n^i$ 分别为在编码端和解码端重建的第 n 帧视频的第 i 个宏块（大小

为 $B\times B$ 像素);$\hat{\boldsymbol{P}}_n^i$ 和 $\widetilde{\boldsymbol{P}}_n^i$ 分别为在编码端和在解码端的预测矩阵,根据 H.264/AVC 编码标准允许的帧内编码模式可知空域误码的传播导致 $\hat{\boldsymbol{P}}_n^i$ 和 $\widetilde{\boldsymbol{P}}_n^i$ 这两个预测矩阵可能不相等;$\boldsymbol{\Theta}_n^i$ 为预测残差矩阵。

空域预测值 P_n^i 可以通过下式计算:

$$\hat{P}_n^i(x,y)=\sum_{l=1}^{L_{x,y}}\alpha(l)\cdot\hat{X}_n[j(l;x,y),k(l;x,y)] \tag{3.2}$$

$$\widetilde{P}_n^i(x,y)=\sum_{l=1}^{L_{x,y}}\alpha(l)\cdot\widetilde{X}_n[j(l;x,y),k(l;x,y)] \tag{3.3}$$

式中:$\hat{X}$ 为编码后的视频经不稳定的网络传输后在解码端解码后的像素值;$\widetilde{X}$ 为编码后无误码在解码端解码后的像素值;$L_{x,y}$ 为用来重建像素(x,y)集合的基数;$[j(l;x,y),k(l;x,y)]$,$l=1,\cdots,L_{x,y}$ 为相应的空域位置;$\alpha(l)$ 为相应的权重系数,满足 $\sum_{l=1}^{L_{x,y}}\alpha(l)=1$。式(3.1)表示由于信道误码引起视频的空域误码传播而导致视频质量的下降。

2. 帧间预测块的正确接收

当一个帧间编码的宏块正确接收时,宏块的失真可以表示为

$$E_n^i\{\text{inter-R}\}=\hat{M}_n^i-\widetilde{M}_n^i=(\hat{\boldsymbol{P}}_n^i+\boldsymbol{\Theta}_n^i)-(\widetilde{\boldsymbol{P}}_n^i+\boldsymbol{\Theta}_n^i)=(\hat{\boldsymbol{P}}_n^i-\widetilde{\boldsymbol{P}}_n^i)=\boldsymbol{E}_n^{i,\text{TP}} \tag{3.4}$$

这主要是由于运动补偿像素值的不匹配而导致的。预测值 P_n^i 见式(3.5)和式(3.6):

$$\hat{P}_n^i(x,y)=\hat{X}_{n-r}(x^i+x+v_{n,x}^i,y^i+y+v_{n,y}^i) \tag{3.5}$$

$$\widetilde{P}_n^i(x,y)=\widetilde{X}_{n-r}(x^i+x+v_{n,x}^i,y^i+y+v_{n,y}^i) \tag{3.6}$$

式中:(x^i,y^i) 为第 i 个宏块左上角像素的坐标;r 为 H.264/AVC 标准采用的运动补偿多参考帧编码的参考帧的序列索引;$(v_{n,x}^i,v_{n,y}^i)$ 为运动矢量,记作 V_n^i,各分量表示纵横方向。

3. 帧内预测宏块丢失和空域误码掩盖

由于包丢失,当一个帧内编码宏块出现错误时,可采用空域误码掩盖技术对其进行恢复,此时该宏块的失真可以表示为

$$E_n^i\{\text{intra-E}\}=\hat{M}_n^i-\widetilde{M}_{\text{E},n}^i=\hat{M}_n^i-\overline{M}_n^i+\overline{M}_n^i-\widetilde{M}_{\text{E},n}^i$$

$$=(\hat{M}_n^i-\overline{M}_n^i)+(\overline{M}_n^i-\widetilde{M}_{\text{E},n}^i)=E_n^{i,\text{SC}}+\overline{E}_n^{i,\text{SP}} \tag{3.7}$$

空域误码掩盖后的 $\widetilde{M}_{\text{E},n}^i$ 见下式:

$$\widetilde{M}_{\text{E},n}^i(x,y)=\sum_{l=1}^{L_{x,y}}\beta(l)\cdot\widetilde{X}_n[j(l;x,y),k(l;x,y)] \tag{3.8}$$

$$\overline{M}_{\text{E},n}^i(x,y)=\sum_{l=1}^{L_{x,y}}\beta(l)\cdot\hat{X}_n[j(l;x,y),k(l;x,y)] \tag{3.9}$$

式中：$L_{x,y}$ 为用于空域插值像素 (x,y) 集合的基数；$[j(l;x,y),k(l;x,y)]$，$l=1,\cdots,L_{x,y}$ 为相应的用于插值像素的位置坐标；$\beta(l)$ 为相应的权重系数，满足 $\sum_{l=1}^{L_{x,y}}\beta(l)=1$；$E_n^{i,\mathrm{SC}}$ 为由空域误码掩盖而导致的视频质量的下降，产生的主要原因是空域误码掩盖不能完全地重构丢失宏块的像素；$\bar{E}_n^{i,\mathrm{SP}}$ 为在该帧中已重构像素的不准确，从而导致后续解码时使用该重构像素引起的空域误码传播，在此称之为空域误码传播引起的误差。

4. 帧间预测宏块丢失和时域误码掩盖

由于包丢失，当一个帧间编码宏块出现错误时，可采用时域误码掩盖技术对其进行恢复，此时该宏块的失真可以表示为

$$E_n^i\{\mathrm{inter-E}\}=\hat{M}_n^i-\widetilde{M}_{\mathrm{E},n}^i=\hat{M}_n^i-\bar{M}_n^i+\bar{M}_n^i-\widetilde{M}_{\mathrm{E},n}^i$$
$$=(\hat{M}_n^i-\bar{M}_n^i)+(\bar{M}_n^i-\widetilde{M}_{\mathrm{E},n}^i)=E_n^{i,\mathrm{TC}}+\bar{E}_n^{i,\mathrm{TP}} \quad (3.10)$$

式中：E_n^{TC} 为由于误码掩盖算法不能很好地重构所丢失宏块像素值而引起的误差；E_n^{TP} 为误码时域传播引起的误差。

时域误码掩盖后的 $\widetilde{M}_{\mathrm{E},n}^i$ 见式 (3.11)：

$$\widetilde{M}_{\mathrm{E},n}^i(x,y)=\widetilde{X}_{n-r}(x^i+x+\tilde{v}_{n,x}^i,y^i+y+\tilde{v}_{n,y}^i) \quad (3.11)$$
$$\bar{M}_{\mathrm{E},n}^i(x,y)=\hat{X}_{n-r}(x^i+x+\tilde{v}_{n,x}^i,y^i+y+\tilde{v}_{n,y}^i) \quad (3.12)$$

当编码后的视频序列经不稳定的网络传输后，丢失的宏块在解码端所采用的误码掩盖算法主要依赖于在解码端所使用的解码器、丢失宏块所属的帧类型以及失真所采用的测量方法等[86]。为方便起见，在本章中的所有实验，在解码端将采用传统的参考软件模式[87-88]，丢失宏块属于帧内编码模式的采用空域误码掩盖算法，而属于帧间编码模式的将使用时域误码掩盖算法。误码掩盖引起的视频失真将在 3.3.3 小节进行详细讨论。

上面详细分析了是否正确接收帧间编码宏块和帧内编码宏块信道误码对视频质量的影响，而 H.264/AVC 编码器还使用了去方块滤波，上面所分析的并没有考虑去方块滤波对视频质量的影响。在编码时去方块滤波主要是空域滤波，能够平滑基于块的运动补偿和变换编码引起视频的方块效应，但是同时也对真正的边缘信息进行了平滑而引起误差。去方块滤波对视频质量的影响将在 3.3.4 小节进行详细讨论。

3.3.2 误码传播引起的失真

1. 空域误码传播引起的失真

从上一小节的分析可以知道，当一个宏块使用帧内预测编码时，空域误码传播将会在该视频帧内发生。在 H.264/AVC 编码标准中允许帧内预测编码模

式有两种：16×16像素的宏块和4×4像素的亚宏块，对于16×16像素的宏块模式有4种不同的空域预测计算模式，而4×4像素的亚宏块模式有9种不同的空域预测计算模式[75]。由式（3.1）可知一个帧内预测宏块的失真，也即是视频的空域误码传播引起的视频失真。则整个视频帧由于空域误码传播引起的视频失真可由下式表示

$$D_n^{SP}(j,k) = \frac{1}{MN} \sum_{j=1}^{N} \sum_{k=1}^{M} [E_n^{i,SP}(j,k)]^2 \qquad (3.13)$$

式中：M 和 N 分别表示在一帧内在横、竖方向上宏块的个数。

2. 时域误码传播引起的失真

在编码端由于使用运动补偿则当前解码后的像素误码会传播到后续解码的像素，所以导致视频的时域误码传播。由于每一个宏块（16×16像素）可以按以下4种方式分割：1个16×16像素，2个16×8像素，2个8×16像素和4个8×8像素。8×8模式的每一个子宏块还可以进一步4种方式再进行分割：1个8×8，2个4×8，2个8×4和4个4×4。每个分割或子宏块都有一个独立的运动补偿。又由于在H.264/AVC编码标准中编码端允许多参考帧，不同的亚宏块参考同一帧图像。本小节主要通过计算先前编码过的参考帧对后续编码帧的影响来预测时域误码传播引起的视频失真，则计算时域误码传播引起的视频失真见下式

$$\hat{D}_n^{i,TP} = \frac{1}{L} \cdot \sum_{q=1}^{L} \left(\sum_{p=1}^{N_0(q)} \mu_p \cdot \hat{D}_{n-r(q)}^p \right) \qquad (3.14)$$

式中：L 为一个宏块可分解成亚宏块的个数；$N_0(q)$ 亚宏块的大小；$\mu_p = \eta_p/L$，η_p 为第 p 个宏块的预测值 $\tilde{P}^{i,q}$ 中像素重叠的个数；p 为预测值 $P^{i,q}$ 参考宏块的位置索引。

3.3.3 误码掩盖引起的失真

由3.3.1节的分析可知，在解码端丢失的宏块如果采用帧内编码模式则用空域误码掩盖算法，如果采用帧间编码模式则用时域误码掩盖算法。而误码掩盖算法不能完全恢复视频的质量，因此本节将分别对由于空域误码掩盖和时域误码掩盖引起的视频失真进行讨论。

1. 空域误码掩盖引起的失真

视频序列或GoP的第1帧是帧内编码的I帧，它不能利用时域上的冗余信息进行恢复，只能利用当前帧内的相邻块的信息进行错误恢复。I帧掩盖得不好会导致掩盖误差传播到GoP的其他帧，最终导致视频序列质量的下降。

空域误码掩盖引起的失真与丢失宏块中的高频部分有关。H.264/AVC参考软件采用的是基于中值滤波平均加权像素内插的空域误码掩盖方法，利用丢失块相邻像素的平均加权来恢复丢失的像素，权值是源点到目的点像素距离的倒

数。本章由丢包引起的初始误码在解码端使用零运动误码掩盖（zero‐motion error concealment，ZMEC）方法处理，即丢失的宏块直接用与它最邻近的参考帧同一位置上的宏块来代替，对于丢失数据帧则直接用前一参考帧代替。则空域误码掩盖引起的失真见下式

$$\widetilde{D}_n^{i,\mathrm{SC}} = \frac{1}{B^2} \sum_{x=1}^{B} \sum_{y=1}^{B} [\widetilde{M}_n^i(x,y) - \widetilde{M}_n^{i,0}(x,y)]^2 \tag{3.15}$$

式中：$\widetilde{M}_n^{i,0}$ 为 ZMEC 后的宏块。

2. 时域误码掩盖引起的失真

宏块属于 P 帧或 B 帧丢失时，则编码模式、运动矢量和预测值都不能接收到。根据文献 [89] 可知，在 P 帧和 B 帧中的帧内编码宏块的总数不超过所有宏块总数的 4%。根据文献 [69] 可知，不能接收到运动矢量使用时域误码掩盖对视频质量的影响和不能接收到预测值使用时域误码掩盖对视频质量的影响不相关。因此由时域误码掩盖引起的视频失真可以用不能接收到运动矢量使用时域误码掩盖引起的视频失真和不能接收到预测值使用时域误码掩盖引起的视频失真之和表示。

设 $D_n^{i,\mathrm{TC}}$ 为时域误码掩盖引起的失真，$D_n^{i,\mathrm{MV}}$ 为运动矢量丢失使用时域误码掩盖引起的视频失真，$D_n^{i,\mathrm{PR}}$ 为预测残差丢失使用时域误码掩盖引起的视频失真，则

$$D_n^{i,\mathrm{TC}} = D_n^{i,\mathrm{MV}} + D_n^{i,\mathrm{PR}} \tag{3.16}$$

下面对丢失运动矢量和预测值使用时域误码掩盖引起的失真分别进行讨论。

（1）运动矢量丢失使用时域误码掩盖引起的视频失真。根据文献 [91] 可知，在解码器端对于丢失的宏块，在平移运动情况下，通过时域误码掩盖算法得出的预测残差 $\widetilde{P}_n^i$ 与在编码器端的预测残差 $\hat{P}_n^i$ 的关系如式（3.17）所示：

$$\widetilde{P}_n^i(x,y) = \hat{P}_n^i(x - (\overline{v}_{n,x}^i - \widetilde{v}_{n,x}^i), y - (\overline{v}_{n,y}^i - \widetilde{v}_{n,y}^i)) \tag{3.17}$$

其中

$$\overline{v}_n^i = \frac{1}{N} \cdot \sum_{q=1}^{N} v_n^{i,q}$$

式中：N 为一个宏块可分解成亚块的个数；$\widetilde{v}_{n,x}^i$ 和 $\widetilde{v}_{n,y}^i$ 分别为误码掩盖后视频横、竖方向上的运动矢量。

首先对式（3.17）进行离散傅里叶变换（Discrete Time Fourier Transform，DTFT），然后根据 Parseval 定理，则可得到由于运动矢量丢失使用时域误码掩盖算法引起的视频失真为

$$\hat{D}_n^{i,\mathrm{MV}} = \frac{1}{(2\pi)^2} \int_{-\pi}^{\pi} \int_{-\pi}^{\pi} \Phi_n^i \mid 1 - e^{-j(\omega \cdot \delta_n^i)} \mid^2 \mathrm{d}\omega$$

$$= \frac{1}{(2\pi)^2} \int_{-\pi}^{\pi} \int_{-\pi}^{\pi} \Phi_n^i(\omega) [2 - 2\cos(\omega \cdot \delta_n^i)] \mathrm{d}\omega \tag{3.18}$$

式中：$\omega=(\omega_x,\omega_y)$ 和 $\delta_n^i=(\delta_{n,x}^i,\delta_{n,y}^i)$，$\delta_{n,x}^i=\overline{v}_{n,x}^i-\widetilde{v}_{n,x}^i$，$\delta_{n,y}^i=\overline{v}_{n,y}^i-\widetilde{v}_{n,y}^i$；$\Phi_n^i(\omega)$ 为 $\hat{P}_n^i(\omega)$ 的功率谱的密度函数。由于信号是有限的，因此，对式 (3.18) 进行采样，运动矢量丢失使用时域误码掩盖算法引起的视频失真可以用频域的形式表示为

$$\hat{D}_n^{i,\mathrm{MV}}\approx\frac{1}{B^4}\sum_{j=0}^{B-1}\sum_{k=0}^{B-1}\Phi_n^i(\omega_j,\omega_k)[1-\cos(\omega_j\delta_x+\omega_k\delta_y)] \quad (3.19)$$

式中：$\Phi_n^i(\omega_j,\omega_k)=\left|\frac{1}{B^2}\sum_{x=0}^{B-1}\sum_{y=0}^{B-1}\hat{P}_n^i(x,y)\mathrm{e}^{-j(\omega_j x+\omega_k y)}\right|^2$ 和 $\hat{\delta}_n^i=\sqrt{\frac{1}{L}\cdot\sum_{l=1}^{L_\varphi}(\widetilde{v}_n^i-v_{8\times8}^l)^2}$

式中：L_φ 为误码掩盖运动矢量 $\widetilde{v}_n^i$ 的亚宏块的个数；ω_j 和 ω_k 为离散频率，分别等于 $2\pi j/B$ 和 $2\pi k/B$。

(2) 预测残差丢失引起的失真。当一个宏块丢失时无论用什么误码掩盖算法都没有办法重新得到预测残差，因此只能简单地将预测残差的值设置为 0。在本章中使用误码掩盖运动矢量所指参考帧的预测残差能量来计算由于丢失预测残差使用时域误码掩盖算法引起的视频失真，因此丢失预测残差使用时域误码掩盖算法引起的视频失真可表示为

$$D_n^{i,\mathrm{PR}}=\frac{1}{B^2}\sum_{x=1}^{B}\sum_{y=1}^{B}\Theta_{n-r}^i(x+\widetilde{v}_x^i,y+\widetilde{v}_y^i)^2 \quad (3.20)$$

3.3.4 去方块滤波对视频质量的影响

基于块的运动补偿和变换编码会引起解码后视频的方块效应，而环内滤波在去方块效应方面是一个很重要的工具。List 所提出的自适应去方块滤波方法主要是应用于 4×4 亚宏块的边缘像素，该方法提高了率失真优化以及解码终端的图像感知质量[84]。在 H.264/AVC 标准中，去方块滤波使用的是空域环内滤波的方式，则滤波后的像素可以作为后来像素的滤波[75]，则在编码端去方块滤波后的 $\hat{M}_n^i$ 为

$$\hat{M}_n^i(x,y)=\sum_{l=1}^{L_{\mathrm{past}}}w_l\hat{X}_n[j(l;x,y),k(l;x,y)]+\sum_{l=1}^{L_{\mathrm{future}}}w_l\check{X}_n[j(l;x,y),k(l;x,y)]$$

$$(3.21)$$

式中：$\hat{X}_n^i$ 为像素 X_n^i 没有滤波前的像素值；$\check{X}_n^i$ 为滤波后的像素值；L_{past} 为用来滤波 x_n^i 已滤波的像素集合的基数；L_{future} 为未被滤波的像素集合的基数；滤波系数 w_l 与像素位置和视频内容相关，满足 $\sum w_l=1$。

在解码端接收到宏块，将同样的滤波方式应用到接收到的宏块，$\widetilde{X}_n^i$ 表示没

有滤波前的像素，$\overline{X}_n^i$ 为滤波后的像素值，则在解码端去方块滤波后的 $\widetilde{M}_n^i$ 可表示为

$$\widetilde{M}_n^i(x,y) = \sum_{l=1}^{L_{\text{past}}} w_l \widetilde{X}_n[j(l;x,y),k(l;x,y)] + \sum_{l=1}^{L_{\text{future}}} w_l \overline{X}_n[j(l;x,y),k(l;x,y)]$$

(3.22)

因此信道去方块滤波误差为

$$\begin{aligned}
E_n^i\{\text{deblocking}\} &= \hat{M}_n^i - \widetilde{M}_n^i \\
&= \left(\sum_{l=1}^{L_{\text{past}}} w_l \hat{X}_n[j(l;x,y),k(l;x,y)]\right. \\
&\quad \left. - \sum_{l=1}^{L_{\text{past}}} w_l \widetilde{X}_n[j(l;x,y),k(l;x,y)]\right) \\
&\quad + \left(\sum_{l=1}^{L_{\text{future}}} w_l \check{X}_n[j(l;x,y),k(l;x,y)]\right. \\
&\quad \left. - \sum_{l=1}^{L_{\text{future}}} w_l \overline{X}_n[j(l;x,y),k(l;x,y)]\right) \\
&= E_{\text{past}} + E_{\text{future}}
\end{aligned}$$

(3.23)

3.3.5　无参考视频质量评估模型的建立

本小节介绍基于所给出的算法计算由包丢失引起的视频失真 MSE，见式（3.24）

$$D_{n,\text{Loss}}^i = \frac{1}{B^2}\sum_{x=1}^{B}\sum_{y=1}^{B}[E_n^i(x,y)]^2 = \frac{1}{B^2}\sum_{x=1}^{B}\sum_{y=1}^{B}[\hat{M}_n^i(x,y) - \widetilde{M}_n^i(x,y)]^2$$

$$i = 1,\cdots,N$$

(3.24)

式中：$D_{n,\text{Loss}}^i$ 为视频序列第 n 帧的第 i 个宏块的信道误码失真；N 为一帧中宏块的总个数。为了计算视频的失真，将式（3.1）、式（3.4）、式（3.7）和式（3.10）代入式（3.24）中可得到视频的信道误码引起的失真。式（3.24）只讨论了包丢失对视频质量的影响，而去方块滤波对视频质量的影响则见式（3.25）

$$D_{n,\text{DB}}^i = \frac{1}{B^2}\sum_{x=1}^{B}\sum_{y=1}^{B}(E_n^i\{\text{deblocking}\})^2$$

(3.25)

那么在接收端由信道传输对视频质量的影响的评估模型见下式所示：

$$D_n^i = D_{n,\text{DB}}^i + D_{n,\text{Loss}}^i$$

(3.26)

式中：D_n^i 表示由信道传输对视频质量影响的模型。由于 MSE 是加性度量参数，因此通过相加单个宏块的 MSE 可以计算出整帧或一个视频序列的 MSE。编码后视频序列经不稳定的 IP 网络传输，在接收端接收到的视频序列往往会受到编

码失真和由丢包引起的网络失真的影响，根据文献［95］可知，网络丢包对视频质量的影响和编码失真对视频质量的影响不相关，要求得接收端的最终视频的质量可以通过相加编码失真对视频质量的影响和包丢失对视频质量的影响，即可得到最终的视频质量。上面只是针对网络丢包对视频质量的影响进行了研究和分析，本书主要是针对网络的包丢失对视频质量的影响进行研究，而编码失真的并不作深入研究，编码失真的研究可参考文献［66，93-94］。

该算法的数据结构如下所示：

for n=0 to N-1 do；
  for i=0 to M-1 do；
    if macroblock I is lost then；
      if macroblock i∈I frame then；
$$D_n^i = D_n^i\{\text{intra-E}\} + D_{n,\text{DB}}^i\{\text{deblocking}\} = D_n^{i,\text{SC}} + D_n^{i,\text{SP}} + D_{n,\text{DB}}^i\{\text{deblocking}\}$$
        //［参考式(3.13)、式(3.15)和式(3.25)］；
      else；
$$D_n^i = D_n^i\{\text{inter-E}\} + D_{n,\text{DB}}^i\{\text{deblocking}\} = D_n^{i,\text{TC}} + D_n^{i,\text{TP}} + D_{n,\text{DB}}^i\{\text{deblocking}\}$$
        //［参考式(3.14)、式(3.16)和式(3.25)］；
      end if；
    else；
      if macroblock i∈P or B frame then；
$$D_n^i = D_n^i\{\text{intra-R}\} + D_{n,\text{DB}}^i\{\text{deblocking}\} = D_n^{i,\text{SP}} + D_{n,\text{DB}}^i\{\text{deblocking}\}$$
        //［参考式(3.13)和(3.25)］；
      else；
$$D_n^i = D_n^i\{\text{inter-R}\} + D_{n,\text{DB}}^i\{\text{deblocking}\} = D_n^{i,\text{TP}} + D_{n,\text{DB}}^i\{\text{deblocking}\}$$
        //［参考式(3.14)和(3.25)］；
    end if；
  end if；
  end for；
end for；

3.3.6 实验结果与分析

本小节所有实验视频编解码方式均采用 H.264/AVC 编解码器的基本档次 (baseline profile)；使用的标准视频序列格式为 CIF (common intermediate format)；编码速率为 256kb/s；帧率为 30f/s；多参考帧数为 6；QP 设为：5、8、12、18、25、30、36 和 40；每一个编码帧分成数个片 (slice)，每一片包含一行的所有宏块，编码后的片根据 IP/UDP/RTP 协议栈进行打包编码；选取代表在空域和时域复杂度都不同的视频序列，视频序列分别为 News、Foreman、Susie、Calendar、Silent、Hall Monitor 和 Football；丢包率为 0.1%，0.3%，

0.6%、0.9%、1.3%、1.5%、1.9%、2.3%、2.5%、3%、8%、11%、13%、15%、20%，采用随机丢包策略。由丢包引起的初始误码在解码端，丢失宏块属于帧内编码模式的采用空域误码掩盖算法，而属于帧间编码模式的将使用时域误码掩盖算法。使用本书给出的质量评估方法与文献［43］中提出的质量评估方法对所有失真视频进行质量评估，然后与用全参考方法得到的视频质量比较来评价该方法的性能。

按照 VQEG 评价视频质量评估模型精度的方法评价本章给出的 H.264/AVC 无参考网络视频的丢包失真评估方法的性能，主要采用以下 3 个尺度来量化模型的性能[44]：均方根误差 C_{RMSE}（root mean squared error，RMSE）、Pearson 线性相关系数 C_{PLCC}（pearson linear correlation coefficient，PLCC）和 Spearman 秩相关系数 C_{SROCC}（spearman's rank-order correlation coefficient，SROCC），这些参数的计算方法将在 4.8 节中详细介绍。均方根误差表示本章给出的方法得到的视频质量和使用全参考方法得到的视频质量的预测精度，C_{RMSE} 越小则反映了该模型具有较好的预测精度；Pearson 线性相关系数表示本章给出的方法得到的视频质量和使用全参考方法得到的视频质量的相关关系密切程度和相关方向的统计指标，它给出了对预测精度和预测单调性的评价，较大的 Pearson 线性相关系数值意味着较好的预测精度和预测单调性。Spearman 秩相关系数是另一个相关度指标，较大的 Spearman 秩相关系数意味较好的预测精度和预测单调性。表 3.2 和表 3.3 分别给出两种质量评估模型在丢包率为 1.3% 和 3% 的情况下 3 个性能指标。由表 3.2 和表 3.3 可知本章给出的方法得到的视频质量 MSE 和使用全参考方法得到的视频质量 MSE 具有很好的一致性。

表 3.2　丢包率为 1.3% 的情况下两种质量评估模型的性能

视频序列	C_{RMSE}		C_{PLCC}		C_{SROCC}	
	文献［43］方法	本章方法	文献［43］方法	本章方法	文献［43］方法	本章方法
News	31.9513	14.0346	0.8375	0.9356	0.8352	0.9214
Foreman	32.0940	14.0725	0.8253	0.9370	0.8359	0.9277
Susie	35.2017	14.5731	0.8156	0.9238	0.8214	0.9164
Calendar	36.0795	15.0982	0.8251	0.9241	0.8137	0.9085
Silent	35.5413	15.9319	0.8092	0.9183	0.8034	0.9041
Hall Monitor	39.9437	18.8057	0.8114	0.9053	0.8141	0.9062
Football	62.0379	19.1572	0.8068	0.9030	0.8013	0.9011

表 3.3　　丢包率为 3% 的情况下两种质量评估模型的性能

视频序列	C_{RMSE}		C_{PLCC}		C_{SROCC}	
	文献[43]方法	本章方法	文献[43]方法	本章方法	文献[43]方法	本章方法
News	34.3363	15.6088	0.8154	0.9068	0.8173	0.9129
Foreman	34.4195	15.6948	0.8137	0.9139	0.8120	0.9117
Susie	38.1692	15.7901	0.7919	0.8916	0.8081	0.9026
Calendar	39.4219	15.8761	0.7831	0.8937	0.8120	0.9025
Silent	39.1683	16.0254	0.7830	0.8820	0.7969	0.8941
Hall-Monitor	40.4123	18.3043	0.7808	0.8940	0.8027	0.8954
Football	65.4018	20.8159	0.7702	0.8769	0.7862	0.8840

为了更清楚地说明本章给出方法的有效性，图 3.1 给出几种空域和时域复杂度不同的视频序列：News、Hall-Monitor 和 Football 在丢包率为 3% 情况下由本章给出的方法和使用文献[43]算法得到的视频质量 MSE 和使用全参考方法得到的视频质量 MSE 的对应分布图，图中的每一个数据点对应一个受测失真视频序列，其中横坐标为使用全参考方法得到的视频质量 MSE，纵坐标表示由本章给出的方法得到的视频质量 MSE 和使用文献[43]算法得到的视频质量 MSE，从散点图可以清晰地看到本章所给出的方法可以准确地评估视频的丢包失真，该方法得到的视频质量 MSE 和使用全参考方法得到的视频质量 MSE 具有较好的一致性。

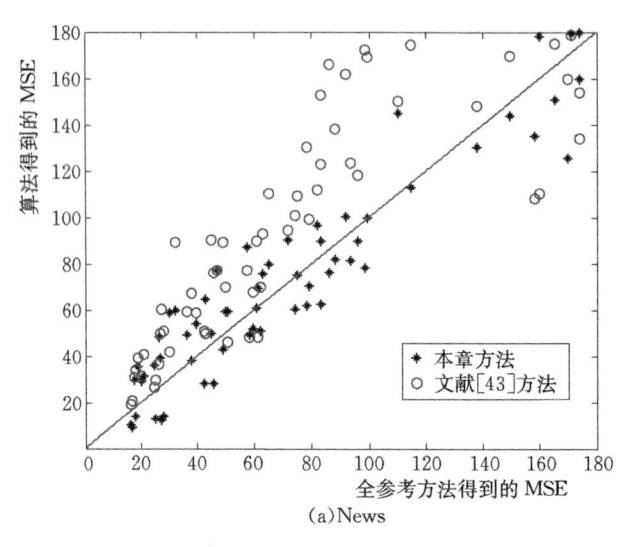

(a) News

图 3.1（一）　丢包率为 3% 的两种方法与全参考方法计算 MSE 对应分布图

(b) Hall-Monitor

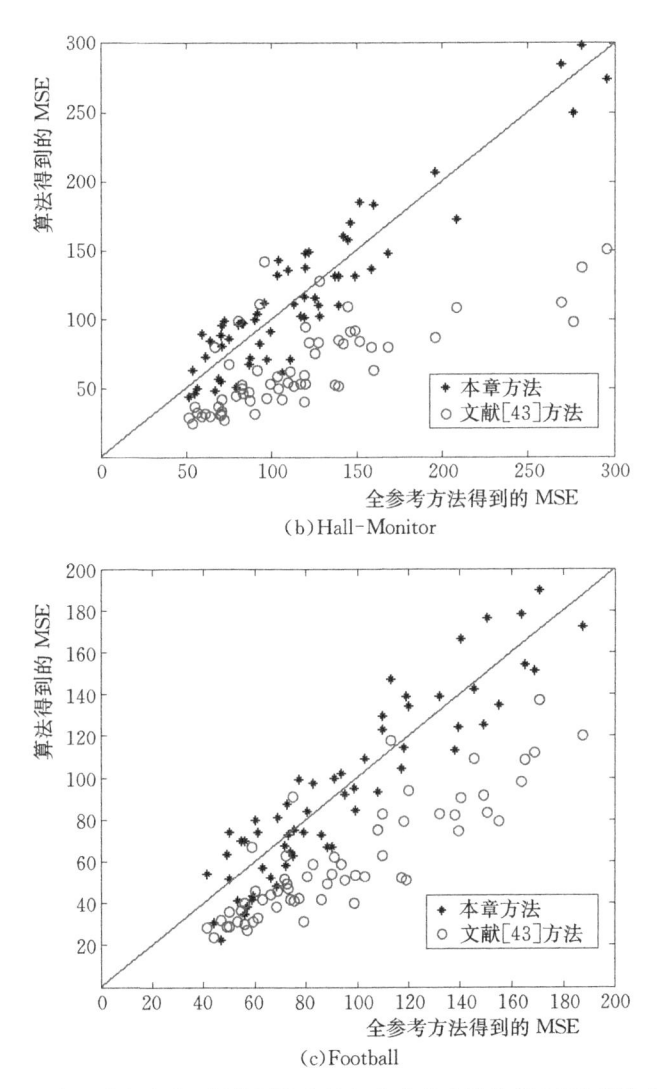

(c) Football

图 3.1（二） 丢包率为 3% 的两种方法与全参考方法计算 MSE 对应分布图

3.4 H.264/AVC 网络视频的丢包失真半参考视频质量评估

3.4.1 时域复杂度

由文献 [85,92] 可知，对于不同视频内容，包丢失对视频质量的影响是不一样，并且视频序列在内容上也是千差万别，这种千差万别本是一个与质量相关的影响因子，这种差别主要反映在不同运动程度的视频序列上，基于此将视频内容引入到模型中,给出一种模型来预测包丢失对视频质量的影响。

运动矢量描述的是当前帧宏块与上一帧最佳匹配运动块之间的位移,可以用各宏块运动矢量的长度定义一帧图像中运动的分布情况。令$[\Delta x_k(i,j),\Delta y_k(i,j)]$表示第 k 帧中宏块(i,j)的运动矢量,那么该宏块的运动程度定义为

$$V_k(i,j)=1+\frac{1}{V_{\max}}\sqrt{\Delta x_k^2(i,j)+\Delta y_k^2(i,j)} \tag{3.27}$$

式中:$V_{\max}$为运动矢量的最大长度值。则相应的该帧平均运动矢量$\bar{V}_k$定义为

$$\bar{V}_k=\frac{1}{N_B}\sum_i\sum_j V_k(i,j) \tag{3.28}$$

式中:N_B为一帧图像中宏块个数。

在误码掩盖后包丢失造成的误码只在运动矢量较大的宏块区域才会对视频的主观质量下降有较大影响,而背景区域运动矢量较小的宏块区域则不会出现严重的主观质量下降,因此用平均运动矢量不能准确地反映图像的运动程度[43]。在选择运动矢量作为视频时域复杂度参数时应该选择运动矢量较大部分的平均值作为时域复杂度参数,本书只选择前 25% 的运动矢量求平均值,见下式。由于丢失帧的运动矢量无法在解码端获知,但是视频序列在内容上前后具有很强的相关性,因此可采用前一帧的运动矢量来近似表示丢失帧的运动矢量,将其从码流中提取出来。

$$\bar{V}_{\max}^n=\frac{\sum_{i=1}^n mv_{i,\max}}{n} \tag{3.29}$$

式中:n 为较大运动矢量前 25% 的个数;$mv_{i,\max}$为较大运动矢量前 25%的运动矢量值。

3.4.2 半参考视频质量评估模型的建立

由 2.3.2 小节分析可知,使用视频序列的 MSE 来评估视频的客观质量是不能很好地反映人眼对视频序列的主观感受。而 SSIM(structural similarity metrics)方法是一种全参考视频客观质量评估方法,该方法最早应用在对图像的质量评估[96]。随后 Wang 和 Seshadrinathan 等把该算法应用到对视频的客观质量评估中去[52,97],并且该算法所得的客观视频质量与人眼感受到的视频的主观质量有较好的一致性。SSIM 算法不是针对某一种特定的视频失真的测量而设计的算法,而是主要考虑图像的结构变化对视觉感知上的影响,该算法主要是通过对比原始视频图像的亮度、对比度和结构相似度与测试视频这 3 个方面差异最终得到视频序列的客观质量。基于此本小节充分利用 3.3 节给出的算法得到的视频质量 MSE 和另外附加的原始视频信息(宏块像素的均值 $\mu_{\hat{M}_n^i}$ 和标准差 $\sigma_{\hat{M}_n^i}$)

通过一种半参考的视频质量评估方法（$SSIM_{RR}$）得到视频的客观质量。

图 3.2 给出了半参考客观视频质量评估框架。从该框架图中可以看到该方法首先对采集到的视频信息进行 H.264/AVC 编码，然后求得该帧编码后的每一个宏块的像素的均值 $\mu_{\hat{M}_n^i}$ 和标准差 $\sigma_{\hat{M}_n^i}$。编码视频流经过打包处理后经由不稳定的 IP 网络传输，在解码端进行解码，对于由网络的不稳定性导致的误码视频进行误码掩盖，而像素的均值 $\mu_{\hat{M}_n^i}$ 和标准差 $\sigma_{\hat{M}_n^i}$ 进行有损编码得到 $\hat{\mu}_{\hat{M}_n^i}$ 和 $\hat{\sigma}_{\hat{M}_n^i}$，然后经过无误码的 IP 信道传输，该信道的搭建可以参考文献 [98]，最后由 SSIM 算法可得到该视频序列的客观视频质量。

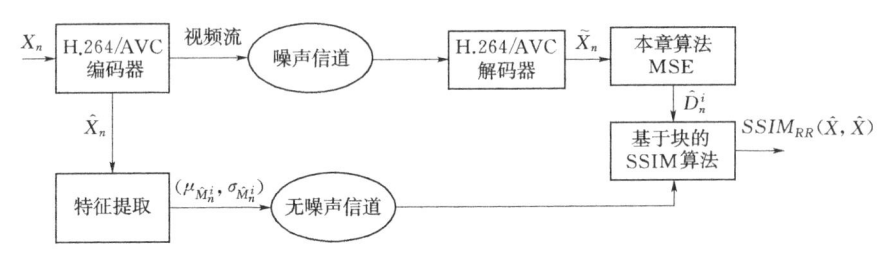

图 3.2　半参考客观视频质量评估框架图

由文献 [52] 可知，在解码端无误码宏块 $\hat{M}_n^i$ 和在接收端解码并经过误码掩盖后的宏块 $\widetilde{M}_n^i$ 的 SSIM 为

$$SSIM(\hat{M}_n^i, \widetilde{M}_n^i) = \frac{(2\mu_{\hat{M}_n^i}\mu_{\widetilde{M}_n^i} + C_1)(2\sigma_{\hat{M}_n^i,\widetilde{M}_n^i} + C_2)}{(\mu_{\hat{M}_n^i}^2 + \mu_{\widetilde{M}_n^i}^2 + C_1)(\sigma_{\hat{M}_n^i}^2 + \sigma_{\widetilde{M}_n^i}^2 + C_2)} \tag{3.30}$$

式中：C_1 和 C_2 是为了避免分母是零的常量[149]。

$\hat{M}_n^i$ 和 $\widetilde{M}_n^i$ 的协方差可表示为

$$\sigma_{\hat{M}_n^i,\widetilde{M}_n^i} = \frac{1}{B^2}\sum_{x=1}^{B}\sum_{y=1}^{B}[\hat{M}_n^i(x,y) - \mu_{\hat{M}_n^i}] \times [\widetilde{M}_n^i(x,y) - \mu_{\widetilde{M}_n^i}] \tag{3.31}$$

视频序列第 n 帧中的第 i 个宏块的半参考 SSIM 评估方法可由式（3.32）表示

$$SSIM_{MRR}^{n,i}(\hat{M}_n^i, \widetilde{M}_n^i) = \frac{(2\hat{\mu}_{\hat{M}_n^i}\mu_{\widetilde{M}_n^i} + C_1)(2\hat{\sigma}_{\hat{M}_n^i,\widetilde{M}_n^i} + C_2)}{(\hat{\mu}_{\hat{M}_n^i}^2 + \mu_{\widetilde{M}_n^i}^2 + C_1)(\hat{\sigma}_{\hat{M}_n^i}^2 + \sigma_{\widetilde{M}_n^i}^2 + C_2)} \tag{3.32}$$

通过计算可以得到样本协方差 $\hat{\sigma}_{\hat{M}_n^i,\widetilde{M}_n^i}$ 为

$$\hat{\sigma}_{\hat{M}_n^i,\widetilde{M}_n^i} = \frac{(\hat{\mu}_{\hat{M}_n^i}^2 + \mu_{\widetilde{M}_n^i}^2 + \hat{\sigma}_{\hat{M}_n^i}^2 + \sigma_{\widetilde{M}_n^i}^2) - (\hat{D}_n^i + 2\hat{\mu}_{\hat{M}_n^i}\mu_{\widetilde{M}_n^i})}{2} \tag{3.33}$$

误码掩盖后网络包丢失引起的误码失真只在视频序列运动矢量较大的宏块区域才会对视频的主观质量感知有较大影响，而在视频序列背景区域运动矢量

较小的宏块区域则不会出现严重的主观质量下降。同时根据人眼视觉系统特性分析可知，误码失真较大的像素区域则会吸引人眼更多的注意力[24-25]，因此，对于视频序列宏块 $SSIM_{MRR}$ 值相对较低像素区域赋更大的权值。利用 3.4.1 小节得到的时域复杂度来判断视频序列的宏块 $SSIM_{MRR}^{n,i}$ 的 FOA（focus of attention），然后对式（3.32）得到的视频序列宏块的 $SSIM_{MRR}^{n,i}$ 进行加权联合可得到视频序列的 $SSIM_{SRR}$，则视频序列的 $SSIM_{SRR}$ 可以表示为

$$SSIM_{SRR} = \lambda_i \cdot SSIM_{MRR}^{n,i} \tag{3.34}$$

式中：$SSIM_{SRR}$ 为视频序列的客观视频质量；λ_i 为与视频序列的时域复杂度相关的权系数，并且满足 $\sum \lambda_i = 1$。

3.4.3 实验结果与分析

视频序列的编解码方式、视频序列的选取、丢包率设置、解码端误码掩盖方式等参考 3.3.5 小节设置。主观视频质量的评估方法、评分等级测度、观测条件、数据结果分析等参考 3.2 节设置。

分别使用本节给出的半参考客观视频质量评估算法，以及文献[82]中提出的质量评估方法对所有失真视频进行质量评估，然后与视频的主观质量比较来评价该方法的性能。采用以下 4 个尺度来量化本节给出的 H.264/AVC 半参考网络视频的丢包失真评估方法的性能：均方根误差 C_{RMSE}、Pearson 线性相关系数 C_{PLCC}、Spearman 秩相关系数 C_{SROCC} 和背离率 C_{OR}（outlier ratio，OR）。背离率主要反映了模型的预测一致性。表 3.4 分别给出了两种质量评估模型的 4 个性能指标，由表 3.4 可知本节给出的半参考客观视频质量评估算法得到的视频质量和视频主观质量具有很好的一致性。

为了清楚地对比本小节给出的半参考客观视频质量评估算法的有效性，首先按 VQEG 评价视频质量评估模型精度的方法，将所有视频序列的主观视频质量评估评分进行归一化，其中 1 表示视频失真最大（质量最差），0 表示视频无失真（质量最好），则变换后的主观视频质量评估评分为

$$S_i' = \frac{S_{best} - S_i}{S_{best} - S_{worst}} \tag{3.35}$$

式中：$S_i' \in [0,1]$ 为主观视频质量评估评分归一化后的值；S_{best} 为主观视频质量评估评分最大值；S_{worst} 为主观视频质量评估评分最小值。并且将得到客观评分也进行归一化，客观视频质量评估评分进行归一化的具体计算方法将在 4.8 节进行详细介绍。图 3.3 给出了本节给出的半参考客观质量评估模型的视频质量评分和文献[82]中提出的质量评估方法得到的视频质量评分与主观评分的对应分布图，图中的每一个数据点对应一个受测失真视频序列，纵坐标为采用客观质量评估方法得到的视频质量客观评分，横坐标表示视频序列的视频质量主

观评分。从散点图可以清晰地看到本节所给出的半参考客观视频质量评估方法可以准确地评估视频的丢包失真，本节给出的半参考客观视频质量评估算法与相应的主观质量具有较好的一致性。

表 3.4　　　　　　　　各种质量评估模型的性能

参　数	C_{PLCC}	C_{RMSE}	C_{SROCC}	C_{OR}
文献[82]方法	0.9132	0.1017	0.8753	0.0975
本章方法	0.9263	0.0897	0.9011	0.0792

(a) 本章方法客观分值与主观分值对应分布

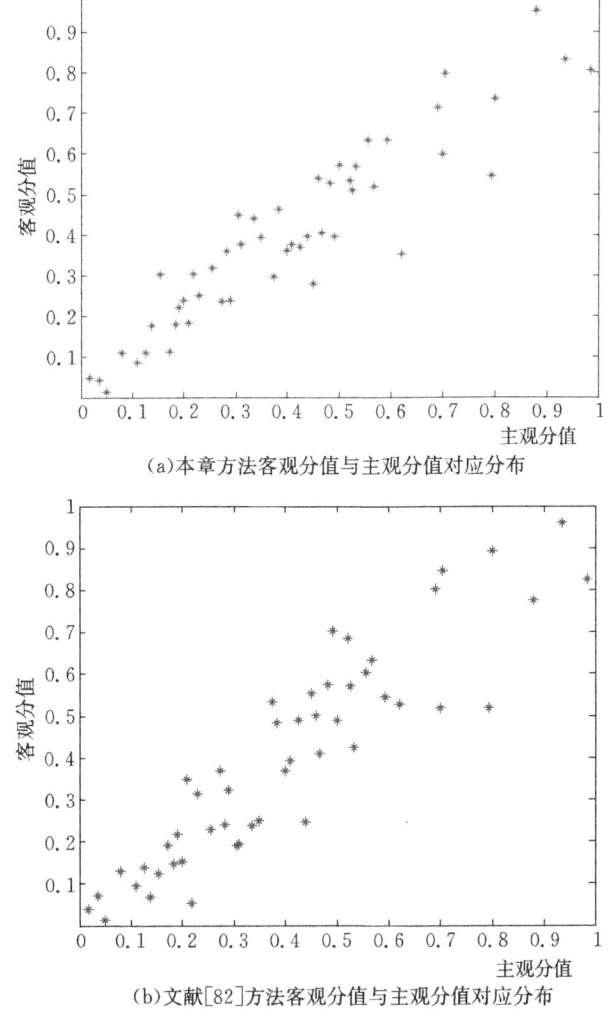

(b) 文献[82]方法客观分值与主观分值对应分布

图 3.3　两种客观质量评估模型的评分与主观分值对应分布图

3.5 小结

新一代压缩编码标准 H.264/AVC 所使用的新的编码技术，如多模式帧内编码技术、多参考帧的帧间预测技术以及先进的环路的滤波技术等，在提高编码效率和性能的同时也增大了网络传输时误码传播对视频质量的影响。针对 H.264/AVC 所使用的新编码技术，详细研究了由 H.264/AVC 所使用的新编解码技术引起信道误码、空时域误码传播、空时域误码掩盖及去方块滤波对视频质量的影响，给出了一种计算网络视频丢包失真 MSE 的无参考视频质量评估算法。该方法充分考虑了信道误码、在解码端所使用的误码掩盖算法和编码器特性对视频质量的影响。该方法计算复杂度低，可以进行实时网络视频质量监控。实验结果表明，本章给出的方法得到的视频质量 MSE 和使用全参考方法得到的视频质量 MSE 具有很好的一致性。同时为了克服视频序列的 MSE 客观视频质量评估方法不能很好地反映人眼主观感受的视频的主观视频质量的缺点，充分利用本章给出的算法得到 MSE 信息，对全参考视频质量评估算法 SSIM 进行了改进，给出一种 H.264/AVC 网络视频的包丢失失真半参考视频质量评估算法，该算法充分考虑了视频内容对视频质量的影响。实验结果证明，使用该方法能够较准确地反映视频的主观质量。

第4章 考虑丢帧类型的无参考视频质量评估模型

4.1 引言

IPTV 系统运营是大规模流媒体业务，而大规模流媒体业务又具有高带宽、实时性要求高、对丢包非常敏感的特性。如何确保终端客户的 QoS，建立有效的实时监控网络视频质量方法显得尤为重要，确保用户得到高质量的服务是 IPTV 良好发展与运营的关键。因此，实时监控视频质量为用户提供高质量视频越来越受到运营商的重视。

当编码器和解码器确定后，视频的失真主要取决于信道运行状况。网络视频在经 IP 网络传输时一旦发生包丢失，则在解码端对接收到的视频流进行解码时就会造成持续的误码现象，误码持续时间越长则对视频的主观感知质量影响越大，视频的主客观质量下降就越大。而且视频的这种质量下降与视频的内容有很强的相关性，如相同的误码持续时间长度，视频的时域复杂度不同则误码对视频质量的影响也不同，当数据包丢失发生在视频序列的时域复杂度较高的部分时，则误码对视频质量的影响较为严重。

由文献[102-106]可知，如果一段视频由包丢失引起的视频质量下降，而后续的视频是没有受到影响的视频序列，则对视频的主观质量评估时往往会得到更好的评分，这是由于人眼视觉容忍或遗忘特性而导致的。即对于相同的由包丢失导致的视频质量下降，如果包丢失发生的位置离视频结束越远则主观上的视频质量评估评分就越高；相反，如果包丢失发生的位置距离视频结束越近则主观上的视频感知质量就越差。

本章在对丢包位置、丢失不同帧类型和视频内容特性对视频质量影响研究的基础上，提出一种考虑包丢失位置、丢包视频帧类型和视频内容复杂度的无参考视频质量评估方法，实验结果表明使用该方法测得的视频质量评分和主观质量评分有很好的一致性。

4.2 MPEG 编码标准简介

MPEG 视频流的结构体系如图 4.1 所示。MPEG 有 3 种编码帧类型：I 帧、

P 帧和 B 帧。I 帧编码模式不参考其他任何视频帧，只是利用视频帧的空域冗余对视频序列进行编码压缩；P 帧编码模式是单向预测，主要参考前面已经编码过的 I 帧或 P 帧，利用视频序列的时域冗余对视频序列进行编码压缩；B 帧编码模式是双向预测，可以参考前一个和下一个已经编码过的 I 帧或 P 帧，同样是利用视频序列的时域冗余信息对视频序列做进一步的压缩，因此，B 帧能够对视频序列更进一步的编码压缩。因此，这 3 种编码方式使得 MPEG 编码方式兼顾鲁棒性（I 帧为误码传播提供了刷新机制）和效率性（P 帧和 B 帧提高了编码效率）。每一帧图像由一系列的片组成，片由一系列的宏块组成。

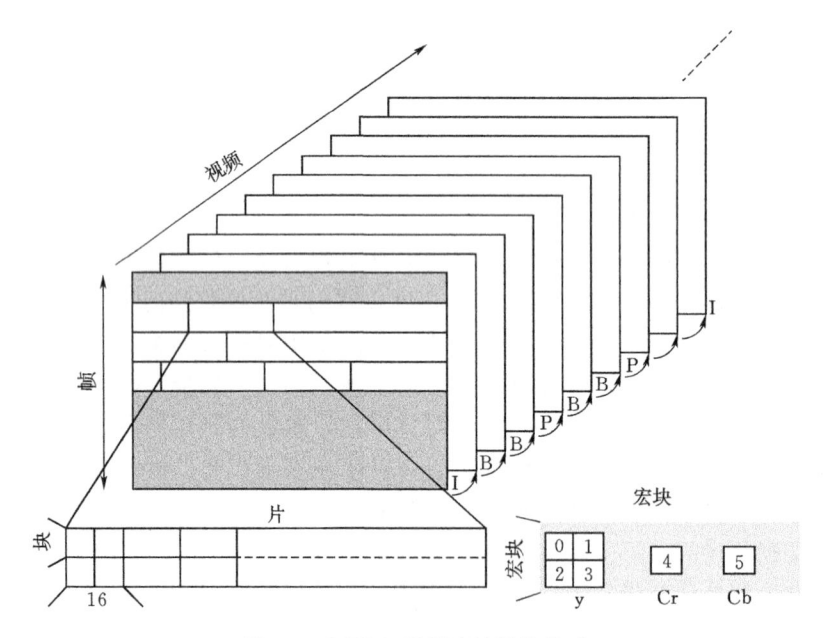

图 4.1 MPEG 视频流的结构体系

GoP 在 MPEG 编码时，将一组连续的视频序列帧编在一起作为一个 GoP，如图 4.2 所示。在一个 GoP 内包括 I 帧和 P 帧以及 B 帧。GoP 常用的两种格式为 12 帧和 15 帧形式，分别支持 NTSC（national television system committee）和 PAL（phase alternating line）两种标准，帧率分别为 30f/s 和 25f/s。通常情况下 GoP 的大小主要取决于信源视频格式、内容以及带宽的限制要求。在信道状况一定的情况下 GoP 的大小主要取决于视频的格式和内容。下面以两个不同时域运动复杂度的视频：低运动复杂度的 Susie 和高运动复杂度的 Football 为例进行研究，使用 MPEG-2 基本档次（baseline profile）进行编码，其中 GoP 格式为 15:2，编码帧率为 30f/s。

图 4.3 给出了视频 Susie 和视频 Football 的不同类型帧的大小。从图 4.3 可

以看出，时域运动复杂度较高的视频序列 Football 需要使用到更多的 P 帧和 B 帧，由于视频序列 Football 的帧间时域冗余比较低，所以在编码时需要降低 I 帧的大小以便满足给定的编码速率。而视频序列 Susie 刚好与之相反。

图 4.4 和图 4.5 分别给出了在一个 GoP 内各种帧类型占整个 GoP 大小的百分比，可以看出在时域运动复杂度低的视频序列 Susie 中，I 帧的大小基本上占了整个 GoP 大小的将近一半，而运动复杂度高的视频序列 Football 中，P 帧和 B 帧的大小占了将近 90%，I 帧大小只占整个 GoP 大小的 11%。

图 4.2 GoP 示意图

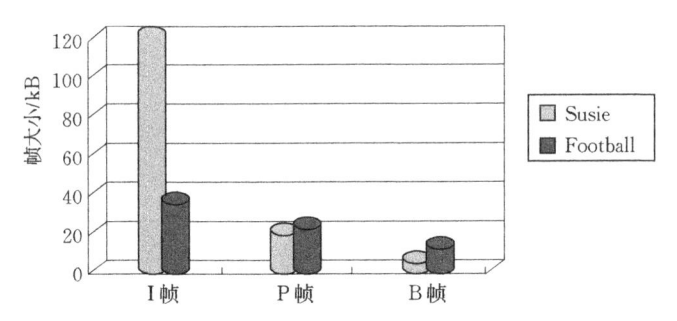

图 4.3 视频 Susie 和 Football 不同编码大小

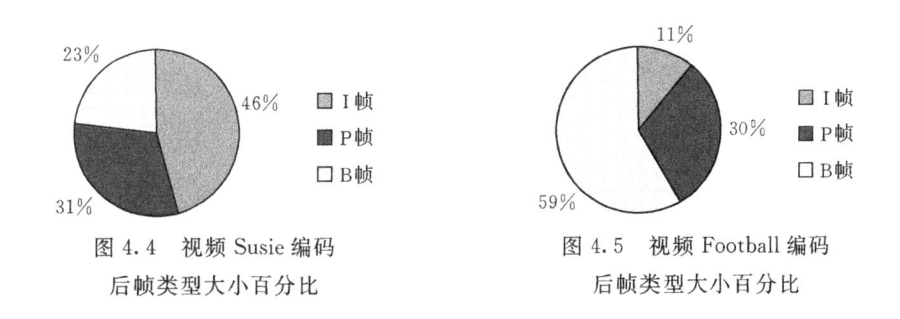

图 4.4 视频 Susie 编码后帧类型大小百分比

图 4.5 视频 Football 编码后帧类型大小百分比

因此在给定视频的编码速率和包丢失大小时，时域运动复杂度低的视频序列的 I 帧会更容易受到网络丢包的影响。但是对于时域运动复杂度高的视频序列中，由于帧间相关性小，所以对于视频序列中的 P 帧和 B 帧受到影响时同样也会对视频序列的主观感知质量会有较大的影响。

第4章 考虑丢帧类型的无参考视频质量评估模型

经过 MPEG 编码后的视频序列在 IP 网络中传输,首先要将 MPEG 编码后的视频帧封装到 MPEG 的传输流包(transport stream,TS)里,然后再由 IP 网络传输。一个典型的经封装后的 IP 包如图 4.6 所示。一个 MPEG 视频帧可以分割成几个 IP 包,同时一个 IP 包也可以包含几个连续帧。

| L2
头信息 | IPV4
头信息 | UDP
头信息 | RTP
头信息 | MPEG-2
TS | MPEG-2
TS | MPEG-2
TS | MPEG-2
TS | MPEG-2
TS | MPEG-2
TS | MPEG-2
TS |

图 4.6 封装后的 IP 包示意图

在一个 MPEG-2 的视频流中,由于包丢失而导致的视频质量下降在很大程度上取决于包丢失的类型,如包含头信息的包和包含系统信息的包对视频质量的影响往往大于包含视频内容信息如运动矢量、DCT 系数等的包对视频质量的影响。此外,由丢包而引起的视频质量下降在很大程度上取决于丢失包的位置。在编码过程中使用到运动补偿和运动预测,因此丢失包含这些信息的包会导致误码的传播。图 4.7 给出了对于不同帧类型的误码传播示意图。

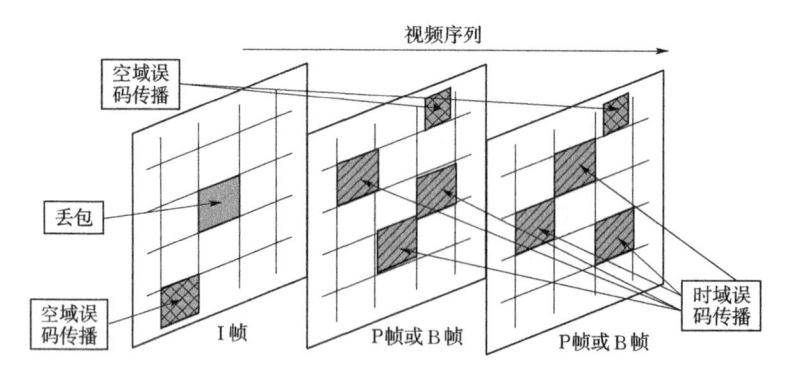

图 4.7 不同帧类型的误码传播示意图

4.3 包丢失引起的视频失真

通常人们所说的视频失真是指人眼在显示器上看到的视频序列与原始视频序列之间的差异。在数字视频领域里,视频的失真往往是由于在网络传输过程中的丢包或者误码引起的,或为了满足一定的编码要求而过于压缩引起的失真。本书只针对由网络的包丢失引起的视频失真,所以在这里只研究网络包丢失对视频质量的影响。

4.3.1 片丢失引起的失真

经编码后的视频序列在不稳定的 IP 网络中传输时,当网络丢包发生时无论丢包发生在 I 帧或 P 帧或 B 帧，都会对视频的质量产生影响，如图 4.8 所示的观测者看到的一幅失真图像。如果所丢失的片属于参考帧 I 帧，则该误码一直会传播到接下来的视频帧中，直到接收到新的没有被损坏的 I 帧时才会结束。

图 4.8　片丢失引起的视频失真

4.3.2　方块效应或者马赛克

如果整个参考帧（I 帧或 P 帧）丢失时，则接下来的视频帧在解码端由于缺少参考帧而无法正确解码，将会出现马赛克现象。视频运动越复杂即时域复杂度越高时，则在视频帧运动信息周围出现越严重的方块效应。如图 4.9 所示是由于丢失整个参考帧而产生的马赛克效应，这种效应一直会持续到下个正确的参考帧 I 帧的正确接收。

图 4.9　丢失参考帧导致的视频失真

4.3.3　重影或拖尾

当视频序列的包丢失发生在场景变换的 I 帧上时，则前一变换场景的图像将会持续到下一帧图像上。当解码器接收到新的 GoP 中的 P 帧和 B 帧时，则这些新的视频帧信息会叠加到以前的视频帧信息上，将会产生重影。如果包丢失为大块的片信息发生在参考帧Ⅰ帧上时也会发生重影或拖尾的现象。如图 4.10 所示为前视频帧信息上混杂有新的视频帧信息的示例,这种现象直到解码端重新接收到新的无误码的参考帧Ⅰ帧才能消除。

图 4.10 视频帧的重影现象

4.3.4 暂停或帧停止播放

如果丢失连续的视频则会导致视频的定格失真,在显示屏上一直显示该视频帧,直到接收到新的能够解码帧才能继续播放。

4.4 人眼视觉容忍性对视频质量的影响

在评估网络视频质量时,一方面,在视频质量评估时所使用的视频序列不能太长,视频序列持续时间太长导致测试者测试时间太长而太枯燥无味,最终导致视频序列的主观评估不准确。一般情况下,一个测试序列大约持续 10s 并且中间需要间隔 5~10s 来对视频进行评估。另一方面,如果测试视频序列太短了,在这一段视频序列中任何误码都会导致比较大的视频质量下降。

由文献 [102-106] 可知,人眼视觉对视频序列中出现的视频质量下降具有一定的容忍性或者遗忘性,容忍性或者遗忘性指的是如果一段视频序列由包丢失导致视频质量下降,而随之接着的视频序列是没有受到影响的视频序列,则对该视频序列主观质量评估时往往会得到更好的评分,这是由于人眼视觉的容忍或遗忘特性而导致的。为验证人眼视觉对视频序列中出现的视频质量下降的容忍性或遗忘性,设置以下实验对这一现象进行验证。

实验设置:
实验测试环境参见 3.2 节测试方法。

视频序列选取：选取运动复杂度低的视频 Claire，时域复杂度和空域复杂度中等的 Mobile，运动复杂度高的视频 Soccer。每一种视频序列都取两段，第一段是长度大约 10s，第二段是在第一段视频序列后面加上 20s 没有被影响的视频序列。

主观测试采用单激励方法，相关测试条件、观测条件等参照 3.2 节测试方法执行，评分等级测度参照 3.2 节的评分等级测度。所有的测试视频序列采用随机顺序播放，要求 25 个观测者，其中 20 个为非视频专业人士，5 个为视频专业人士，随机地分成几组，并且对于不同组的观测者测试视频序列采用随机的顺序进行显示。观测者在观看视频序列的同时并对所观看的视频序列进行评分，然后利用 3.2 节的数据处理方法对所得的观测数据进行处理，最后得到该视频的主观评估得分。

对测试视频序列进行主观视频质量评估，测得的每一个测试视频序列主观视频质量与包丢失率之间的关系如图 4.11 所示。

从图 4.11 中可以清晰地看到当一个带有误码的视频序列后面接着是一段无误码的视频序列时，它的视频主观评估评分往往高于不带误码的测试视频序列的

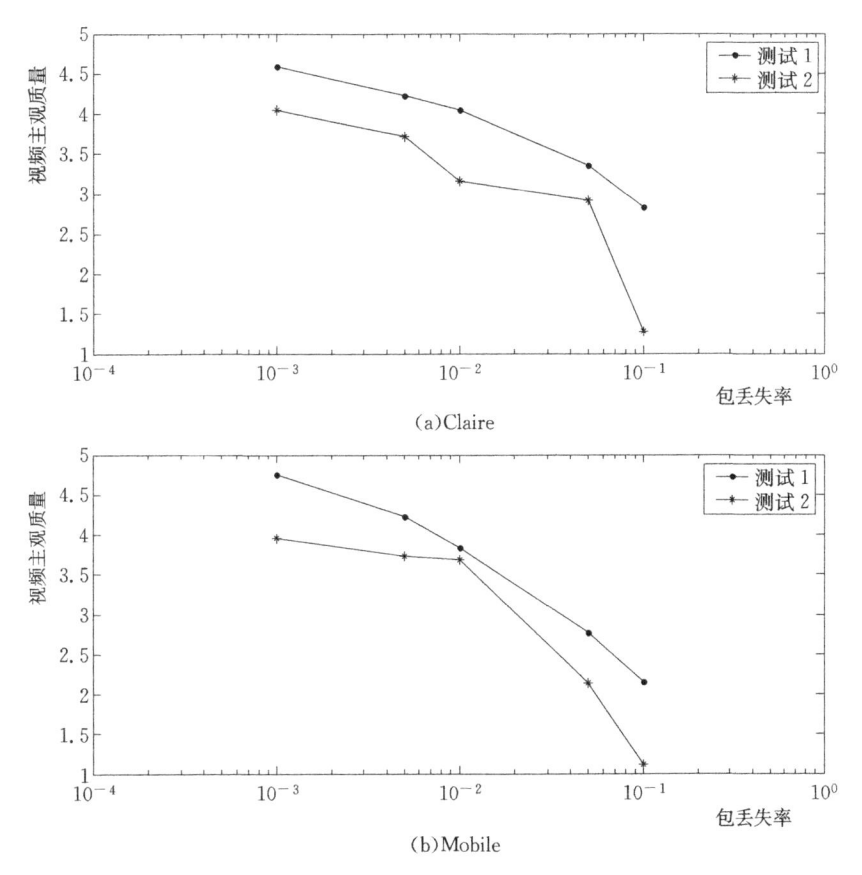

(a) Claire

(b) Mobile

图 4.11（一） 3 个视频序列包丢失率与视频主观质量关系图

(c) Soccer

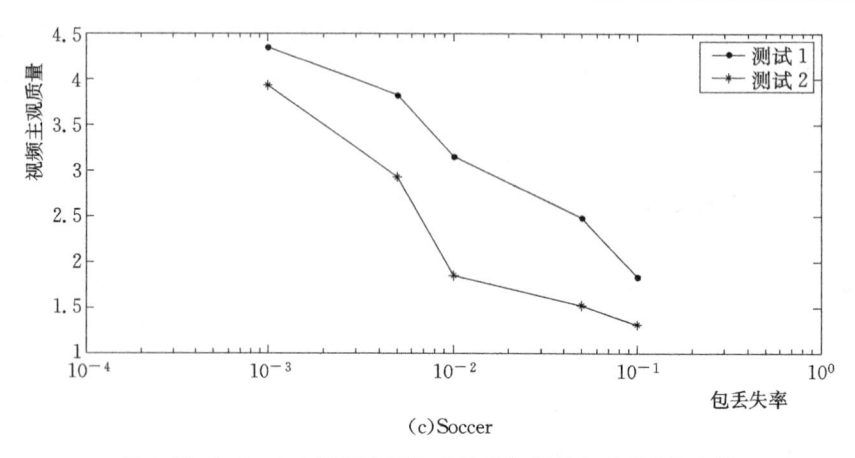

图 4.11（二） 3 个视频序列包丢失率与视频主观质量关系图

说明：其中测试 1 是指在测试 2 视频序列后面加上 20s 没有被影响好的视频序列；测试 2 是指长度大约 10s 包含包丢失的视频序列。

视频主观评估评分，这也就充分证明了人眼视觉的容忍性或遗忘性。通过分析图 4.11 还可以得到对于不同的空域复杂度和时域复杂度的视频序列在不同的包丢失率情况下它们的容忍性因子是不同的，这主要是由于以下几个因素所造成的：①视频序列不同的包丢失率；②包丢失的对视频序列影响所持续的时间；③所丢失的包在视频帧中的位置；④视频序列的内容；⑤视频序列所丢失的包在视频序列中的位置。这些因素都会影响观测者对视频序列感知质量的判断，因而导致容忍性因子的不同。

为了更清楚地研究人眼视觉的容忍特性或遗忘特性，图 4.12 给出了视频序

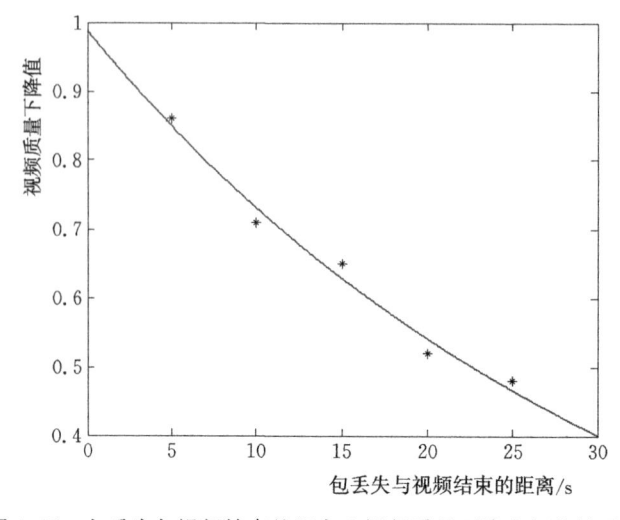

图 4.12 包丢失与视频结束的距离和视频质量下降之间的关系图

列中丢失包在视频序列中的位置与视频序列结束的距离和视频主观感知质量下降之间的关系。由图 4.12 可以清楚地看到，随着包丢失距视频序列结束的距离增大，视频主观感知质量下降值减小，再次验证了人眼视觉的容忍特性或遗忘特性。

4.5 不同帧类型对视频质量的影响

4.5.1 I 帧损伤对视频质量的影响

在解码端对接收到的视频码流进行解码时，I 帧直接或间接作为 GoP 中其他视频帧的参考帧，如图 4.13 和图 4.14 所示。如果在 GoP 开始的 I 帧丢失或损坏，误码将扩散到整个 GoP 中，直到接收到下一个不被损坏的 I 帧，由于 I 帧编码时不参考其他任何帧，视频质量才会恢复。如果 I 帧的帧头信息损坏或丢弃等同于丢弃整个 I 帧，则将会影响整个 GoP 的视频主观感知质量，直到接收到下一个不被损坏的 I 帧，视频质量才会恢复。同样 I 帧中包丢失并没有损坏帧头信息，将会引起片信息的损坏，并且也会持续到整个 GoP 结束，直到接收到下一个不被损坏的 I 帧，视频质量才会恢复。

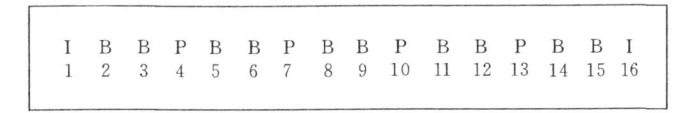

```
I  B  B  P  B  B  P  B  B  P  B  B  P  B  B  I
1  2  3  4  5  6  7  8  9  10 11 12 13 14 15 16
```

图 4.13 15∶2 GoP 结构

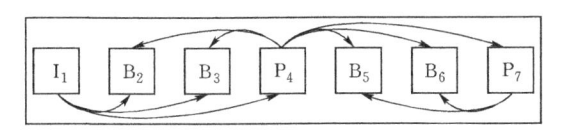

图 4.14 GoP 内各帧之间的参考关系

如在一个开放式的 15∶2 GoP 视频序列中，视频序列中前一个 GoP 中的 B_{14} 帧和 B_{15} 帧需要参考下一个 GoP 中的 I 帧，这样的话，视频序列 GoP 中的 I 帧如果受到损坏将会影响到 17 帧图像，如图 4.15 所示。如在帧率为 30f/s，则这个影响时间持续等于 567ms。

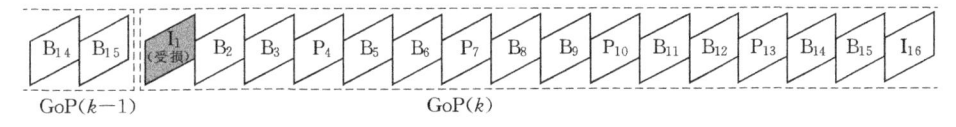

图 4.15 开放式 15∶2 GoP 结构

观测者对视频质量的感知，主要依靠视频编码时 GoP 长度和视频内容的空域复杂度和时域复杂度。较长的 GoP 能够提供高的压缩率，并且在给定的编码速率下可以传输更多的视频内容，然而，如果 I 帧损坏，较长的 GoP 也会导致持续更长时间的视频误码传播。例如，GoP 是 30∶2，在一个编码帧率为 30fps 的开放式的 GoP 结构中，I 帧受损将会导致 32 帧视频受损（1067ms）。在解码端解码器接收到的视频流如果被损坏或者丢弃，则解码端解码器会对接收到的受损视频进行误码掩盖。但误码掩盖效果在很大程度上取决于这段视频序列的空时域运动复杂度或场景切换程度[20]，因此，恢复视频的主观感知质量在很大程度上也取决于视频内容的空域复杂度和时域复杂度。

4.5.2 P 帧损伤对视频质量的影响

视频序列的 P 帧在编码时仅仅参考前帧图像，进行运动预测补偿，即第一个 P 帧参考前一个 I 帧，随后的 P 帧参考前一个 P 帧，如图 4.16 所示。如果视频序列中的 P 帧丢失或者损坏，误码对视频的主观感知质量的影响将会持续到整个 GoP 结束，直到解码器接收到下一个没有被损坏的 I 帧。同 I 帧一样，如果 P 帧的头信息被损坏或丢弃，对视频的主观感知质量的影响则等同于整个 P 帧被丢弃，参考该 P 帧后续的所有解码帧都会受到影响直到 GoP 结束。如果丢包发生在 P 帧内，则会引起片损伤，对视频的主观感知质量的影响同样持续到 GoP 结束，直到接收到下一个不被损坏的 I 帧，视频质量才会恢复。从图 4.14 和图 4.16 可以看到 B_2 帧和 B_3 帧都是参考 P_4 帧，P_4 帧直接或者间接的为整个 GoP 后续帧提供参考，因此，如果丢包发生在 P_4 帧则会影响后续帧直到 B_{15} 帧。这说明，P 帧丢失或 P 帧被损坏对视频的主观感知质量的影响基本上等同于 I 帧丢失或者 I 帧被损坏对视频的主观感知质量的影响。

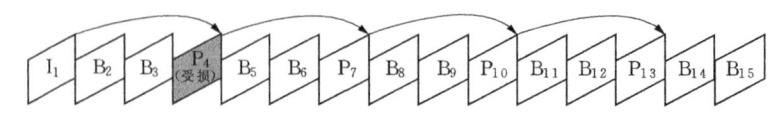

图 4.16 P 帧损伤对视频的影响

P 帧受到损伤对视频的主观感知质量的影响，在很大程度上取决于 P 帧损伤的程度和这段视频的空域复杂度和时域复杂度。在一个 GoP 内如果 P 帧损伤的越早，整个 GoP 内的视频帧被损伤的就越多，观测者感知的视频主观质量就越差，这种影响将一直持续直到接收到没有损坏的 I 帧才结束。当 P 帧受损时，解码端依然要对受损视频进行误码掩盖，误码掩盖效果的好坏很大程度上取决于这段视频的运动复杂度，包丢失对视频质量的影响很大程度上同样取决于视频内容的空域复杂度和时域复杂度。

4.5.3 B 帧损伤对视频质量的影响

在 MPEG-4 编码器中，B 帧不作为其他帧的参考帧，因此，丢弃一个 B 帧或 B 帧损坏，则该帧被丢弃或者只是影响到该帧。在帧率为 30fps 的视频片段里，如果 B 帧损坏，在解码器端观看者能感受一撇也就是 1/30s 的影响。但是在新的编码器 H.264/AVC 中 B 帧也作为参考帧，称为分级 B 帧，如果高级别的 B 帧损坏后则会影响其他的低级别的后续 B 帧。本章选择 MPEG-4 为编解码器。

4.6 时域复杂度计算

由 4.5 节分析可知，不同的丢帧类型对视频质量的影响不同，并且视频序列在内容上也是千差万别，这种千差万别也是一个与质量相关的影响因子。

目前已经提出的与视频内容相关的因子有以下 3 种方法：

（1）初始均方误差（initial mean squared error），指的是无误码的恢复图像与经过误码掩盖后的恢复图像之间的 MSE。

（2）残余能量（residual energy），指的是经过运动补偿以后的残差信息的能量（所有 DCT 系数的平方和）。如果丢失了一帧数据，即使采用的误码掩盖技术能够准确地预测丢失的运动矢量，恢复视频还是与原始视频存在差异，残余能量就是用来衡量这种差异的大小。

（3）运动相关因子（motion-related factors），主要是运动矢量（motion vector）。

由于前两种因子的计算都要用到原始视频数据，因此，不适合用于在网络中间节点对视频质量的监控，应用性受到限制；运动矢量虽然不需要原始视频，但是必须对视频进行完全解码后才能得到，由于视频的加密或者版权问题不能对视频完全解码，因此，应用同样也受到限制。

一般说来，对于视频的时域复杂度可以用运动补偿后的残差信号像素方差或视频的运动矢量来表示，视频时域复杂度越高，则残差信号像素的方差或运动矢量就越大。但是在实际使用时，受限于版权、加密或者计算复杂度的要求不能对其完全解码，也就不能得到像素的 MSE、方差或运动矢量值。

在本章提出的无参考视频质量评估模型中，由于不对有效载荷进行完全解码，只对码流的包头信息进行解析进而确定视频的时域复杂度，所以时域复杂度的计算比较困难。通过对包头解码后得到所有信息包括编码量化参数（quantitative parameter，QP）、帧类型、编码速率、丢包的数量、丢包的位置和每一帧在显示器上的显示时间。获取上述信息后，本章采用文献 [66] 给出的时域复杂度模型：

$$\sigma = Q_P(aR + b) \tag{4.1}$$

式中：σ 为视频序列的时域复杂度；Q_P 为编码量化参数；R 为编码速率；a 和 b 为待定模型参数。

4.7 网络丢包视频质量评估模型建立

由前文的分析可知，不同的丢帧类型、时域复杂度和包丢失位置对视频质量的影响不同，由此，本节在 4.4 节、4.5 节和 4.6 节分析的基础上将视频内容、丢失不同的帧类型和包丢失位置引入到模型中，给出一种新模型来预测包丢失对视频质量的影响。

在编码方式一定的情况下，包丢失对视频影响持续的时间是引起网络视频失真的主要原因之一，因此包丢失对视频影响持续的时间是反映人眼感知的视频由丢包引起的失真的重要信息。为了研究网络视频由丢包造成的视频质量损伤与包丢失影响持续时间之间的关系，本章进行了大量的实验，得到视频的主观质量。在实际实验中，视频选用 CIF 标准视频序列，分辨率为 352×288，编码帧率为 30f/s，编码速率为 512kb/s，视频编码器是 MPEG-4。在这些主观视频质量实验中，主观视频质量的评估方法、评分等级测度、观测条件、数据结果分析等参考 3.2 节设置，用视频的 MOS 表示视频的绝对等级分值（absolute category rating，ACR），由于包丢失引起视频质量下降用 S_{DMOS}（differential mean opinion score，DMOS）表示。

通过对大量的主观测试实验结果观察发现，由于包丢失引起的视频的主观质量失真与包丢失影响持续时间的关系可以用包丢失影响持续时间的指数函数形式来估计，如图 4.17 所示。图 4.17 给出了几种代表在空域和时域复杂度都不同的视频序列的 S_{DMOS} 与包丢失影响持续时间之间的关系，视频序列为 Sign-Irene、Forman、Carphone、Mobile。由图 4.17 可知，随着包丢失影响持续时间的增大，由于网络包丢失引起的网络视频质量的失真也同时增大，呈指数增加，且随着丢包率的增加而增速减慢并趋于稳定。

通过分析发现，对于不同的视频序列，其主观质量下降曲线的梯度各不相同。这是因为人眼视觉系统的感知能力不仅与包丢失影响持续时间有关，还受视频内容的空域复杂度和时域复杂度的影响。

由人眼视觉系统比较倾向于视频序列中运动的事物，所以当视频序列的时域复杂度高些时，丢包引起的失真就更明显，体现在分数上就是丢包引起的失真的 S_{DMOS} 值更高一些，而丢包模型是模拟数据丢失对视频主观质量的影响，基于这一点考虑，本章给出的丢包模型考虑了时间复杂度对丢包失真的影响。由此，本节给出一种不对接收到的码流进行完全解码，同时考虑视频内容时域复杂度和不同类型丢帧的视频质量评估模型，见式（4.2）：

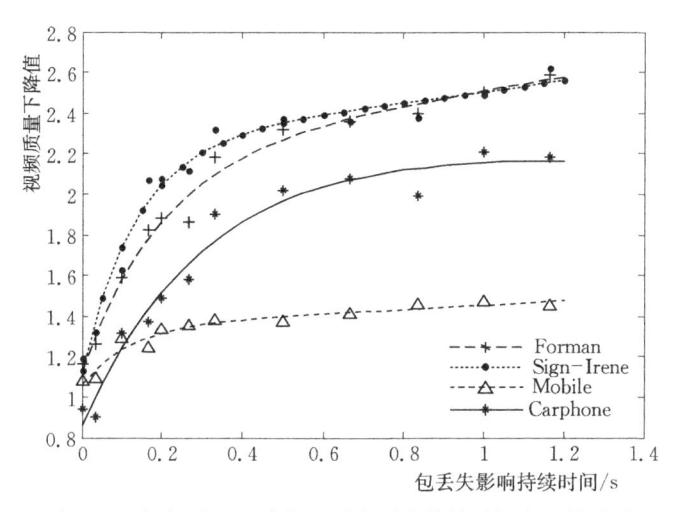

图 4.17 视频质量下降与包丢失影响持续时间之间的关系

$$V_Q = V_C \left[1 - a_1 \exp\left(-\frac{a_2}{t}\right)\right] \quad (4.2)$$

式中：V_C 表示在没有丢包的情况下，经过压缩后的视频质量，可视为已知量，通过主观视频质量评估得到；$1 - a_1 \exp(-a_2/t)$ 表示丢包引起的视频质量下降因子，该因子由视频的时域复杂度和丢包影响持续的时间决定；t 为不同帧类型对视频影响持续的时间；a_1 和 a_2 为与视频的时域复杂度相关的函数，如式 (4.3) 和式 (4.4) 所示：

$$a_1 = a_3 + a_4 \exp(a_5 \sigma) \quad (4.3)$$

$$a_2 = a_6 + a_7 \sigma \quad (4.4)$$

式中：a_3、a_4、a_5、a_6 和 a_7 为待定常量；σ 为视频的时域复杂度。

假设编码结构 GoP 为 $X:Y$，编码帧率为 $Z\text{f/s}$，则 t 可表示为

$$t = \begin{cases} 1/Z & \text{（丢失帧为 B 帧）} \\ (X+Y+1-N_P)/Z & \text{（丢失帧为 P 帧）} \\ X/Z & \text{（丢失帧为 I 帧）} \end{cases} \quad (4.5)$$

式中：N_P 为所丢失的帧在整个 GoP 内的视频序列编号。

上面得到了考虑视频内容时域复杂度和不同类型丢帧对视频质量影响的客观视频质量评估模型，由 4.4 节可知，人眼视觉对视频序列中出现的视频质量下降有一定的容忍性或者遗忘性，但是上面给出的模型并没有把人眼视觉的容忍或遗忘特性考虑到模型中去，如果把人眼视觉的容忍或遗忘特性考虑到模型中去，则视频序列的客观质量可以表示为式 (4.6)：

$$Q_V = V_Q e^{-a_8 D} \quad (4.6)$$

式中：Q_V 为考虑不同的丢帧类型、时域复杂度和包丢失位置对视频质量影响的

视频客观质量评估模型；$e^{-a_8 D}$ 为人眼视觉的容忍或遗忘特性；D 为包丢失位置距离视频结束的距离；a_8 为待定常量。

4.8 实验结果与仿真分析

4.8.1 模型性能评价测度

VQEG 在已经完成的对多媒体应用质量评估的测试（MM Phase Ⅰ）中给出了评价无参考视频质量评估模型性能的评价方法，该方法主要是通过对客观视频质量评估模型得到的评分和主观视频质量评估评分的模型性能评价测度进行分析，从而来评估客观视频质量评估模型的预测准确度、预测单调性和预测一致性。VQEG 给出的模型性能评价测度分别为：①均方根误差（root mean square error，RMSE）；②Pearson 线性相关系数（pearson linear correlation coefficient，PLCC）；③Spearman 秩相关系数（spearman's rank-order correlation coefficient，SROCC）；④背离率（outlier ratio，OR）；⑤Kappa 系数（Kappa coefficient，KC）；⑥解析度（resolving power）；⑦分级误差（classification errors）；⑧F-Test。

下面分别对几种常用的模型性能评价测的计算方法进行讨论，设测试视频序列的总个数为 N，$S_{\text{MOS},n}$ 表示测试视频序列 n 的主观视频质量评分，$S_{\text{O},n}$ 表示测试视频序列 n 使用客观视频质量评估模型得到的评分。

1. RMSE

$$C_{\text{RMSE}} = \sqrt{\left(\frac{1}{N}\sum_{i=-1}^{N}(S_{\text{MOS},n} - S_{\text{O},n})^2\right)} \tag{4.7}$$

均方根误差主要反映了模型的预测准确度，均方根误差越小，则模型的预测准确度越高；均方根误差越大，则模型预测的准确度越低。

2. PLCC

$$C_{\text{PLCC}} = \frac{\sum(S_{\text{MOS},n} - \overline{S}_{\text{MOS}})(S_{\text{O},n} - \overline{S}_{\text{O},n})}{\sqrt{\sum(S_{\text{MOS},n} - \overline{S}_{\text{MOS}})^2 \sum(S_{\text{O},n} - \overline{S}_{\text{O},n})^2}} \tag{4.8}$$

式中：$\overline{S}_{\text{MOS}}$ 为测试视频序列主观质量评分 $S_{\text{MOS},n}$ 的均值，$\overline{S}_{\text{O},n}$ 为测试视频序列客观视频质量评估模型得到的评分 $S_{\text{O},n}$ 的均值。Pearson 线性相关系数主要反映了模型的预测单调性。

3. SROCC

Spearman 秩相关系数计算比较复杂，下面通过举例来说明 SROCC 的求法。表 4.1 为 10 个测试视频序列的主观质量评分以及它们对应的客观视频质量评估模型得到的评分。

表 4.1　　　　　　　　视频序列的主客观质量评分

主观评分	10	34	29	5	52	3	18	78	67	25
客观评分	9	35	27	5	69	2	21	80	66	28

根据评分分值的大小对测试视频序列的主客观质量评分分别进行排序。表4.2给出了测试视频序列的主观视频质量评分以及客观视频质量评估模型得到的评分的顺序序号。

表 4.2　　　　　　　　视频序列的主客观质量评分序号

主观评分	3	7	6	2	8	1	4	10	9	5
客观评分	3	7	5	2	9	1	4	10	8	6

然后计算测试视频序列的对应主客观评分序号的差值，见表4.3。

表 4.3　　　　　　　视频序列的主客观质量评分序号差值

d	0	0	1	0	1	0	0	0	1	1
d^2	0	0	1	0	1	0	0	0	1	1

最后得到秩相关系数为

$$C_{\text{SROCC}} = 1 - 6\sum \frac{d^2}{N(N^2-1)} \tag{4.9}$$

Spearman秩相关系数主要反映了模型的预测单调性。

4. OR

$$C_{\text{OR}} = \frac{N_{\text{OR}}}{N} \tag{4.10}$$

式中：N_{OR} 为所有客观视频质量评估模型评分满足 $|S_{\text{MOS},n} - S_{\text{O},n}| > 2\sigma^2_{\text{MOS},n}$ 的个数，$\sigma^2_{\text{MOS},n}$ 为测试视频序列 n 的主观质量评分的标准方差。背离率主要反映了模型的预测一致性。

4.8.2　实验结果与仿真分析

本章所有实验均采用 MPEG-4 编解码器；使用的标准视频序列格式为 CIF（352×288）；帧率为 30f/s；QP 设为 5，8，12，18，25，30，36 和 40；选取具有不同空域和时域复杂度的视频序列，视频序列分别为 News、Paris、Coastguard、Susie、Silent、Mobile、Soccer 和 Football；采用随机丢包策略；采用的编码结构 GoP 是 15∶2（$I_1 B_2 B_3 P_4 B_5 B_6 P_7 \cdots B_{15}$ I）；由丢包引起的初始误码在解码端使用 ZMEC 方法处理，即丢失的宏块直接用与它最邻近的参考帧同一位置上的宏块来代替,对于丢失数据帧则直接用前一参考帧代替。分别使用本章给出的无参考视频质量评估方法、国际标准 G.1070 方法[17],以及文献 [66] 中提出的质量评估方法对所有失真视频进行质量评估,然后与视频的主观质量比较来评价该方法的性能。使用本章给出的无参考视频质量评估方法对网络视频进行评分,通过大量的实验和理论分析,根据最小二乘法采用线性回归方法,得到的模型参数为:$a=1260$,$b=0.003$,$a_3=0.3553$,$a_4=-3.289$,$a_5=-0.038$,$a_6=-2.853$,$a_7=0$ 和 $a_8=0.015$。

主观视频质量的评估方法、评分等级测度、观测条件、数据结果分析等参考 3.2 节设置。

本章采用以下 4 个尺度来量化本章给出的无参考视频质量评估模型的性能:均方根误差 C_{RMSE}、Pearson 线性相关系数 C_{PLCC}、Spearman 秩相关系数 C_{SROCC} 和背离率 C_{OR}。由 4.8.1 小节的分析可知,均方根误差主要反映了客观视频质量评估模型的预测准确度,均方根误差越小,则客观视频质量评估模型的预测准确度越高;均方根误差越大,则客观视频质量评估模型预测的准确度越低。Pearson 线性相关系数和 Spearman 秩相关系数主要反映了模型的预测单调性。背离率主要反映了模型的预测一致性。表 4.4 分别给出了这 3 种客观视频质量评估模型的 4 个性能指标,由表 4.4 可知本节给出的无参考客观视频质量评估算法得到的视频质量和视频主观质量具有更好的一致性。为了验证给出模型的有效性,选取序列 News、Paris、Coastguard、Susie、Silent、Mobile、Soccer 和 Football 的预测质量与主观测试质量对比,见表 4.5。

表 4.4　　各种客观视频质量评估模型的性能

参　数	C_{PLCC}	C_{RMSE}	C_{SROCC}	C_{OR}
国际标准 G.1070 方法	0.8674	0.1167	0.7635	0.1837
文献 [113] 方法	0.9024	0.0996	0.8019	0.0775
本章方法	0.9370	0.0790	0.8977	0.0612

表 4.5　　视频质量评估模型预测值与主观质量的绝对误差

误码持续时间/s	News	Paris	Coastguard	Slient
0	0	0	0	0
0.0333	0.0471	0.0721	0.0462	0.0634
0.1000	0.0935	0.0647	0.0492	0.0712
0.1667	0.0643	0.0218	0.0214	0.0701
0.2000	0.0411	0.0588	0.0579	0.0357
0.2667	0.0108	0.0911	0.0716	0.1003

续表

误码持续时间/s	News	Paris	Coastguard	Slient
0.3333	0.0737	0.0714	0.0512	0.0731
0.5000	0.0805	0.0405	0.0502	0.0914
0.6667	0.0693	0.0361	0.0623	0.0822
0.8333	0.0339	0.0497	0.0267	0.0821
1.0000	0.0456	0.0715	0.0831	0.0127
1.1667	0.0828	0.0742	0.1017	0.0817

误码持续时间/s	Susie	Mobile	Soccer	Football
0	0	0	0	0
0.0333	0.0462	0.0564	0.0545	0.0419
0.1000	0.0398	0.0673	0.0481	0.0873
0.1667	0.0413	0.0706	0.0912	0.0667
0.2000	0.0597	0.0537	0.0663	0.0937
0.2667	0.0563	0.0910	0.1002	0.1062
0.3333	0.0630	0.0806	0.0723	0.0912
0.5000	0.0714	0.0661	0.0632	0.0311
0.6667	0.0532	0.0569	0.0812	0.1104
0.8333	0.0347	0.0189	0.0809	0.0571
1.0000	0.0822	0.0844	0.0619	0.0642
1.1667	0.0814	0.1014	0.1012	0.0922

可以从表 4.5 中的数据得到，News、Paris、Susie 利用本章给出的无参考客观视频质量评估模型得到的评分与主观视频质量评估得到的评分的绝对误差均不大于 0.1；Coastguard、Mobile、Slient 利用本章给出的无参考客观视频质量评估模型得到的评分与主观视频质量评估得到的评分的绝对误差只有 1 个大于 0.1；Soccer、Football 利用本章给出的无参考客观视频质量评估模型得到的评分与主观视频质量评估得到的评分的绝对误差只有 2 个大于 0.1。因此可知，利用本章给出的无参考客观视频质量评估模型得到的评分与主观视频质量评估得到的评分具有较好的一致性。

为了更清楚地对比几个方法的有效性，将所有视频序列的主观视频质量评估评分进行归一化，并且将得到的客观视频质量评估评分也进行归一化，其中 1 表示视频失真最大（质量最差），0 表示视频无失真（质量最好），主观视频质量评估评分归一化参考 3.4.3 小节。对客观视频质量评估评分进行归一化，则客观视频质量评估评分归一化可表示为

$$Q'_{V,n} = \frac{\text{Max}Q_V - Q_{V,n}}{\text{Max}Q_V - \text{Min}Q_V} \tag{4.11}$$

式中：$Q'_{V,n} \in [0,1]$ 为客观视频质量评估评分归一化后的值；$\text{Max}Q_V$ 为客观视频质量评估评分最大值；$\text{Min}Q_V$ 为客观视频质量评估评分最小值。

图 4.18 给出了 3 种客观质量评估模型的评分与主观视频质量评估评分的对应分布图，图中的每一个数据点对应一个受测失真视频序列，纵坐标为采用视频客观质量评估方法得到的客观评分，横坐标表示视频序列的主观评分，从散点图可以清晰地看到本章所提方法可以准确地评估视频的丢包失真，本章给出的方法与相应的主观质量具有更好的一致性。

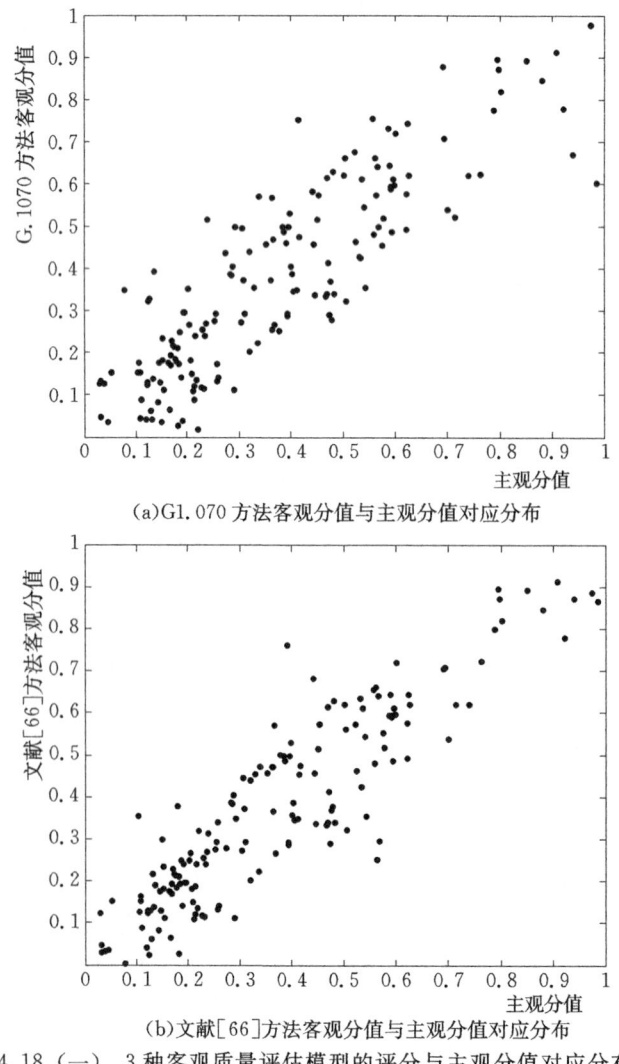

(a) G.1070 方法客观分值与主观分值对应分布

(b) 文献[66]方法客观分值与主观分值对应分布

图 4.18（一） 3 种客观质量评估模型的评分与主观分值对应分布图

(c)本章方法客观分值与主观分值对应分布

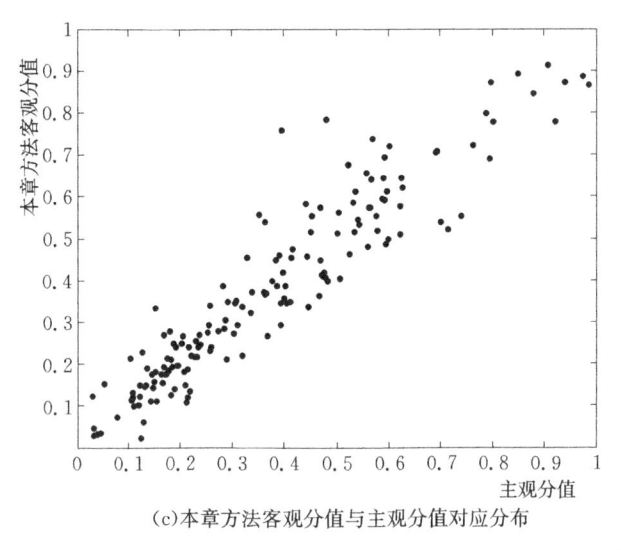

图4.18（二） 3种客观质量评估模型的评分与主观分值对应分布图

4.9 小结

本章首先对视频编码标准 MPEG 进行简单的总结，对 MPEG 的编码结构有所了解，然后对片丢失、整帧丢失以及相关的包丢失对视频质量的影响和观测者感知到的现象进行总结和分析。网络视频质量评估需要满足实时性和低资源开销等要求，同时不同的丢帧类型、时域复杂度和包丢失位置对视频质量的影响不同。因此，本章给出一种不对接收到的码流进行解码的无参考网络视频质量评估模型。该模型不仅考虑到人眼视觉系统的空时域掩盖效应对视频质量的影响，同时也考虑了不同类型的帧的丢包、视频内容和网络丢失单包时的视觉容忍性对视频质量的影响，且只通过码流的包头分析得到的参数，即可得到视频的时域复杂度、包丢失帧类型和包丢失位置，具有资源开销小、实时性好的特点，适合对实时传输的视频流进行质量评估。实验结果表明，使用该视频质量评估方法测得的视频丢包失真质量评分与其主观质量评分有很好的一致性，相比于国际标准 G.1070 中的丢包视频质量评价模型，无参考的网络视频质量评价模型与主观质量评价的相关性平均提高了 6.96%。

本章只是针对网络单丢失包对视频质量的影响进行了详细的讨论，对于网络多丢失包对视频质量的影响将在第 5 章和第 6 章分别进行详细讨论。

第5章 考虑丢包特性的无参考网络视频质量评估模型

5.1 引言

基于 IP 网络的实时媒体传输业务已成为网络视频通信应用的一项重要内容。长期以来，人们通常使用网络服务质量参数如：信道带宽、网络包丢失率、时延抖动等来反映网络视频通信的传输性能。然而这些参数都定义在传输层上，虽然这些网络服务质量参数能够在一定程度上反映一般的数据通信质量，但不能用来直接反映网络视频通信数据特别是编码压缩后的视频流在网络传输时造成的损伤程度。在解码端时延抖动可以等效成网络包丢失，网络数据包丢失与恢复视频质量有着直接的关系，因此包丢失率是反映视频由于包丢失引起失真的重要信息。事实上，网络视频质量的下降不仅受丢包率的影响，还受到包丢失的集中程度和视频内容复杂程度等因素的影响。为了准确有效地评估网络丢包对视频质量的影响，本章以主观视频质量评估得到的实验数据为基础，首先在研究了丢包率对视频质量影响的基础上，然后研究了相同丢包率情况下不同的丢包集中度对视频质量的影响，结合视频内容给出一种考虑包丢失率和包丢失集中度的无参考视频质量评估模型，实验结果表明使用该方法测得的视频质量评分和主观质量评分有很好的一致性。

5.2 包丢失率对视频质量的影响

5.2.1 主观实验设置

由于网络的时变不稳定特性，编码压缩后的视频在通过 IP 网络传输时，包丢失、时延抖动等是不可避免的，时延抖动在解码端可以等效成包丢失。在编码方式一定的情况下，包丢失是引起网络视频失真的主要原因，因此包丢失率是反映视频由于包丢失引起失真的重要信息。网络视频在传输过程中，许多因素都会导致数据包被丢弃，例如信道带宽大小、数据的发送时间、链路拥塞情况等。为了评估不同包丢失率下的恢复视频质量，首先要建立一个丢包模型，模拟网络传输中丢包的发生。

本章在实验中选择独立丢包信道模型。该信道模型假定每个数据包在网络上传输时被丢弃的概率是独立的,即数据包在这个信道模型中传输时,只有两种结果:丢包和不丢包,假设丢包的概率用 P_{loss} 表示,则不丢包的概率为 $(1-P_{loss})$,所以该模型也称为贝努利模型。当发包总数为 N 时,则丢包的总数为 NP_{loss}。包丢失的概率可以通过丢包总数除以发包总数来计算。该信道模型比较简单且计算的复杂度不高。

为了研究网络视频的包丢失率与恢复视频质量之间的关系,进行了大量的主观视频质量评估实验,首先选择 6 组代表空域和时域复杂度不同的原始视频序列:News、Paris、Mobile、Mother-Daughter、Soccer、Football,部分视频序列如图 5.1 所示。在实际实验中,采用 MPEG-4 视频编码器对原始视频序列进行编码;选用分辨率为 352×288 像素的 CIF 标准视频序列;帧率为 30f/s;编码速率为 512k/s;QP 设为 15、25、38、44 和 48。在这些主观视频质量评估实验中,用解码后视频的 MOS 表示视频的 ACR,由包丢失引起的视频质量下降分值用 S_{DMOS} 表示。

(a) News   (b) Paris   (c) Mobile

(d) Mother-Daughter   (e) Soccer   (f) Football

图 5.1 实验中所选部分视频序列

实验测试环境参见 3.2 节测试方法。

整个实验的具体步骤如下:

(1) 丢包视频序列的产生:在经 MPEG-4 编码后的 CIF 序列中,根据要求的丢包率进行模拟丢包,以模拟实际网络中的丢包情况,最终产生包丢失的测试视频序列。

(2) 解码端解码器:在解码端对接收到的受损视频序列进行解码时,使用

ZMEC方法处理由丢包引起的初始误码,即丢失的宏块直接用与它最邻近的参考帧同一位置上的宏块来代替,对于丢失数据帧则直接用前一参考帧代替。

(3) 主观测试采用单激励方法,相关测试条件、观测条件等参照 3.2 节测试方法执行。为了有针对性的评测出由于丢包造成的网络视频损伤对恢复视频造成的质量影响,使用平均评估分值 S_{MOS} 表示视频质量的好坏,具体评分等级测度参照 3.2 节的评分等级测度。

所有的测试视频序列采用随机顺序播放,要求 25 个观测者,其中 20 个为非视频专业人士,5 个为视频专业人士,随机分成几组,并且对于不同组的观测者测试视频序列随机的顺序显示。观测者在观看视频序列的同时并对所观看的视频序列进行评分,然后利用 3.2 节的数据处理方法对所得的观测数据进行处理最后得到该视频的主观评估得分。具体的测试视频序列编码设置见表 5.1。

表 5.1　　　　　　　　测试视频序列编码设置

视频序列	码率/(kb/s)	帧率/(f/s)	分辨率/像素	丢包策略	丢包率/%
News	512	30	352×288	均匀丢包	0,0.5,1,2,2.5,5,6,7,10
Paris	512	30	352×288	均匀丢包	0,0.5,1,2,2.5,5,6,7,10
Mobile	512	30	352×288	均匀丢包	0,0.5,1,2,2.5,5,6,7,10
Mother-Daughter	512	30	352×288	均匀丢包	0,0.5,1,2,2.5,5,6,7,10
Soccer	512	30	352×288	均匀丢包	0,0.5,1,2,2.5,5,6,7,10
Football	512	30	352×288	均匀丢包	0,0.5,1,2,2.5,5,6,7,10

5.2.2　实验数据分析

本章主要考虑的是包丢失率对网络视频的主观感知质量的影响,所以所有实验设计只是针对网络丢包设计的,在不考虑编码压缩引起的视频失真的情况下,从大量的实验数据中选取代表不同时域复杂度和空域复杂度的视频序列在不同的丢包率情况下所得到的视频主观质量评估结果,视频序列的主观感知质量与丢包率的关系见表 5.2。

表 5.2　　　　　视频序列主观感知质量与丢包率关系

丢包率/%	News	Paris	Mobile	Mother-Daughter	Soccer	Football
0	4.56	4.35	4.34	4.26	4.38	4.17
0.5	3.64	3.95	3.82	4.43	3.54	3.37
1	3.12	3.65	3.34	3.72	2.62	2.44
2	2.84	2.68	2.63	2.51	1.86	1.77

续表

丢包率/%	News	Paris	Mobile	Mother-Daughter	Soccer	Football
2.5	2.76	2.43	2.41	2.38	1.61	1.52
5	2.19	1.82	1.37	2.17	1.35	1.33
6	1.84	1.72	1.34	2.04	1.28	1.19
7	1.80	1.64	1.31	1.89	1.19	1.12
10	1.57	1.54	1.28	1.79	1.09	1.07

从表 5.2 可以看出,视频序列的主观质量随着包丢失率的增大而呈现下降趋势,丢包率为 0 时表示没有丢包只是视频序列的压缩后的视频序列的主观质量。从表 5.2 中可以得知,这时视频序列主观感知质量最好,这与人眼的一般主观感受是一致的。从表 5.2 中还可以发现,随着包丢失率的增大,不同内容的视频序列的视频质量下降速度是不同的,在同样的包丢失率情况下,运动复杂度较高的视频序列视频的主观质量下降较快。

为了更方便地研究包丢失率与视频序列的质量下降之间的关系,给出几种代表在空域和时域复杂度都不同的视频序列 News、Paris、Mother-Daughter、Mobile、Soccer、Football 的主观视频质量下降分值与丢包率之间的关系图,如图 5.2 所示。

通过对图 5.2 的研究分析可以发现,由于包丢失引起的视频的主观质量下降与包丢失率之间的关系可以用包丢失率的指数函数形式来估计,即随着丢包率的增大,由网络包丢失引起的网络视频质量的失真也同时增大,呈指数增加,

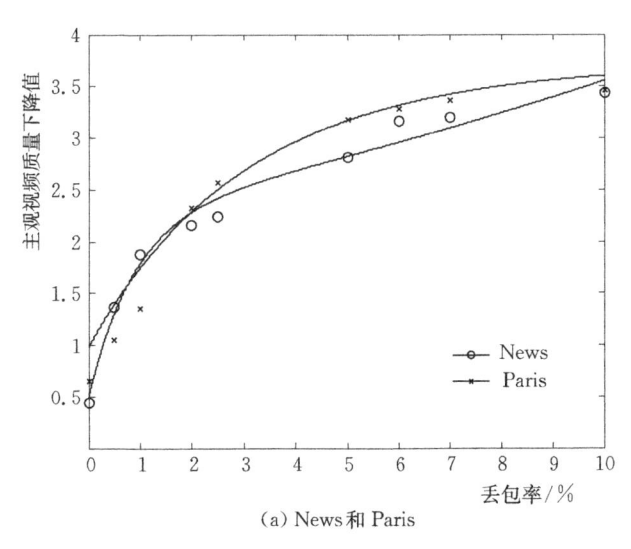

(a) News 和 Paris

图 5.2(一) 丢包率与视频质量下降分值(S_{DMOS})的关系图

(b) Mobile 和 Mother - Daughter

(c) Football 和 Soccer

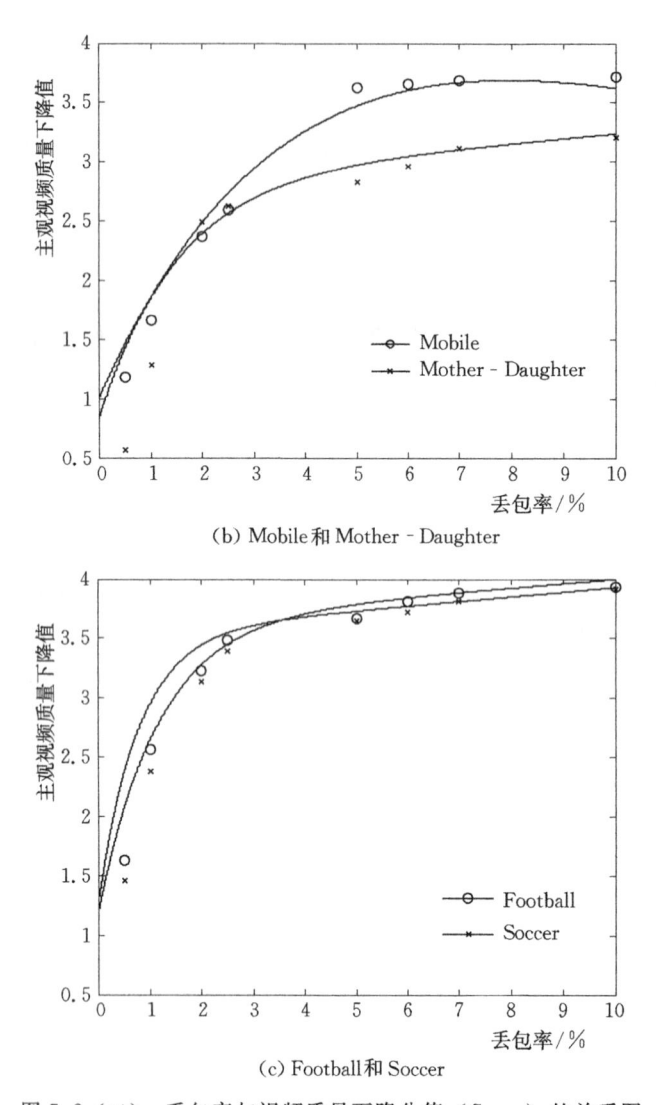

图 5.2（二） 丢包率与视频质量下降分值（S_DMOS）的关系图

且随着丢包率的增加而增速减慢并趋于稳定（不超过 5）。对表 5.2 和图 5.2 进行研究分析可以得知，News 和 Pairs 这两个视频序列在发生包丢失后，它们的主观视频质量在 1.54～4.56 之间变化；Mobile 和 Mother - Daughter 这两个视频序列在发生包丢失后，它们的主观视频质量在 1.28～4.34 之间变化；而 Football 和 Soccer 这两个视频序列在发生包丢失之后，它们的主观视频质量在 1.07～4.38 之间变化。由此可以发现，对于不同的视频序列在相同的包丢失率情况下，其主观质量下降曲线的梯度也各不相同。这是因为人眼视觉系统的感知能力不仅与丢包率有关,还受视频内容的空域复杂度和时域复杂度的影响。

5.2.3 空-时域复杂度对视频质量的影响

为了验证视频内容的空-时域复杂度对视频质量的影响,本节暂不考虑视频序列内容对视频质量的影响而只考虑包丢失率对视频质量的影响,假设在没有丢包的情况下(即包丢失率为0),经过压缩后的视频质量是已知的,在此基础上考虑丢包率对于视频质量的影响。通过上面的分析和研究可知视频序列主观感知质量值随着丢包率的增大而减小,且随着包丢失率的增加而减小速度变慢且趋于稳定,因此给出基于丢包率的视频质量评估预测模型:

$$Q'_V = Q_C(1 - a e^{-b/P_{\text{loss}}}) \quad (b > 0) \quad (5.1)$$

式中:Q'_V 为不考虑视频内容而只考虑包丢失率影响时的视频质量;Q_C 为在没有丢包的情况下(即包丢失率为0),经过压缩后的视频质量,看作是已知的变量;P_{loss} 为丢包率;a 和 b 为待定参数。

通过对式(5.1)分析可以得到,当 P_{loss} 取值为0时,由于 $b>0$,则 $\exp(-b/P_{\text{loss}})$ 趋近于0,即在不发生包丢失的情况下,视频质量就等于 Q_C;随着 P_{loss} 的增大,则相应 $\exp(-b/P_{\text{loss}})$ 的值也随着增大,Q'_V 的值下降,因此,符合上面的研究和分析,即视频质量随着包丢失率的增大而减小,且在包丢失率为0时视频质量最好。

利用主观实验得到的视频序列的主观感知质量,根据最小二乘法采用线性回归方法回归参数 a 和 b 的值,求得 a 和 b 的值分别为:$a=0.8139$,$b=0.8601$。

因此,在不考虑视频内容时得到视频质量随丢包率变化的函数关系如下:

$$Q'_V = Q_C(1 - 0.8139 e^{-0.8601/P_{\text{loss}}}) \quad (5.2)$$

为了验证给出的视频质量评估模型的有效性,使用式(5.2)给出的客观视频质量评估模型来预测测试视频序列在不同丢包率下的视频质量,客观视频质量评估模型得到的视频质量预测值与视频的主观感知质量值的绝对误差见表5.3。

表 5.3 视频质量评估模型预测值与主观感知质量值的绝对误差

丢包率/%	News	Paris	Mobile	Mother-Daughter	Soccer	Football
0	0	0	0	0	0	0
0.5	0.0461	0.073	0.0246	0.0456	0.0593	0.1432
1	0.0934	0.0764	0.0839	0.0764	0.0721	0.0863
2	0.0743	0.1207	0.0412	0.0607	0.1421	0.0467

续表

丢包率/%	News	Paris	Mobile	Mother-Daughter	Soccer	Football
2.5	0.0711	0.0611	0.0795	0.0753	0.1463	0.0914
5	0.1008	0.0918	0.0498	0.1003	0.1004	0.1362
6	0.0637	0.0754	0.1025	0.0931	0.0436	0.1078
7	0.0239	0.0749	0.0891	0.0851	0.0563	0.1043
10	0.1128	0.0831	0.0904	0.1017	0.0765	0.0910

可以从表 5.3 中的数据得到，在同样的实验设置和试验环境下，视频质量评估模型得到的预测值与主观视频质量评估得到的评分的绝对误差对于不同的视频内容有很大的差别。如对于时域复杂度较高的视频序列 Football 预测误差绝大多数超过了 0.1；而在同样的实验设置和实验环境下，Paris 视频序列使用该视频质量评估模型得到的预测值能够比较好地反映视频序列的主观质量，预测误差绝对值只有 1 个超过了 0.1。这主要是由于视频序列的视频内容不同而导致的，网络视频序列的主观感知质量不仅受到丢包率的影响同样还受到视频内容的影响，因此在给出的网络视频质量评估模型中在考虑包丢失率对视频质量影响的同时必须把视频内容对视频质量的影响也考虑进去。

5.3 包丢失集中度对视频质量的影响

在 5.2 节主要在均匀丢包策略情况下对包丢失率对视频质量的影响进行了详细的研究和分析，通过研究和分析发现随着丢包率的增加，视频质量下降值增大，并且增速减慢并趋于稳定。然而在实际情况下，IP 网络的状况常常是不稳定的，因此网络的包丢失往往是非均匀的丢包带有突发性的随机丢包。那么在实际网络状况下带有突发性的随机丢包情况下，丢包率又将如何对视频质量产生影响。通过对在同样的包丢失率情况下对于不同的丢包策略的视频质量研究分析发现，在丢包率相同的情况下不同的包丢失策略如包丢失的集中程度不同，对视频的质量影响也不同，包丢失越集中则对视频的质量影响越大。显然在一段视频序列中同样的包丢失率情况下，包丢失宽度越小则包丢失的集中程度越高。因此可以把包丢失集中度定义为

$$D_{pl} = \frac{c(kN-1)}{kN(L_{loss}+c)} \tag{5.3}$$

式中：D_{pl} 为包丢失集中度；N 为所测试该段视频序列的丢失包的总数；L_{loss} 为包丢失的跨度，是指在单位时间（如每秒）内第一个包丢失的位置到最后一个包丢失位置的距离，显然在相同的包丢失跨度内，丢包数量越多，包丢失集中

度越高，丢包数量越少，包失集中度越低，在丢失一个包的情况下 $L_{\text{loss}}=0$；c 和 k 为待定常量。

为了研究在相同的包丢失率情况下，不同包丢失集中度对视频质量的影响，设置了主观实验，选定视频，确定一定的编码方式，所以编码失真也就一定了，然后确定包丢失率，这样做的目的是为去除其他因素对视频质量的影响。在这里选定视频序列 News、Mobile 和 Football 为实验测试视频序列，编码方式参考 5.2 节的参数设置，包丢失率设置为 2.5%，则包丢失集中度与视频质量的关系如图 5.3 所示。

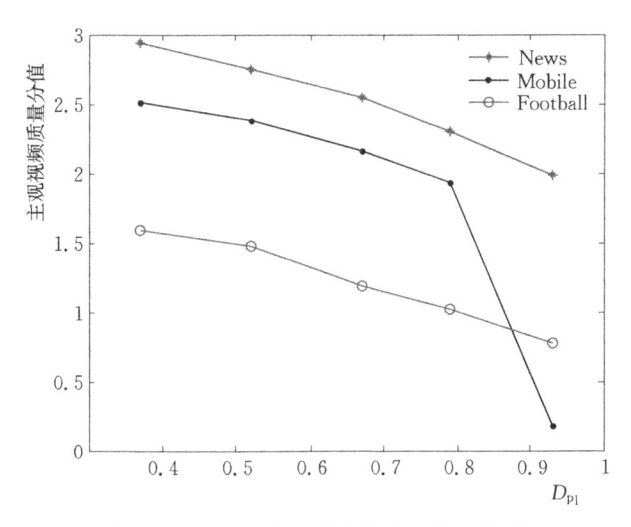

图 5.3 包丢失集中度与视频质量的关系

由图 5.3 可以看出，随着包丢失集中度的增加而视频序列的主观质量而下降，这表示人眼容易受到包丢失更集中的视频序列影响，导致这样的情况主要是由人眼视觉容忍特性所引起的，本书在第 4 章详细讨论了单丢失包对视频质量影响时的人眼视觉容忍性对视频质量的影响，而在多丢失包对视频质量影响情况下视觉的容忍特性对视频质量的影响将在第 6 章进行详细研究。

5.4 网络丢包无参考视频质量评估模型的建立

由 5.2 节和 5.3 节的分析可知，不同的丢包率对视频的质量影响不同，在同样丢包率情况下不同的丢包集中度和不同视频内容对视频质量的影响也不同。由此，本节将丢包率、丢包集中度和视频内容引入到模型中，给出一种模型来预测包丢失率对视频质量的影响。

根据 4.6 节、5.2 节和 5.3 节的研究，给出了一种结合视频内容、丢包率和丢包集中度的无参考视频质量评估模型：

$$Q_V = Q_C D_{pl}\left[1 - a_1\exp\left(-\frac{a_2}{P_{loss}}\right)\right] \qquad (5.4)$$

式中：Q_C 为在没有丢包的情况下，经过压缩后的视频质量；D_{pl} 为包丢失的集中程度；$1-a_1\exp(-a_2/P_{loss})$ 为丢包引起的视频质量下降因子，该因子由视频的时域复杂度决定，时域复杂度如何得到参考 4.6 节中的式（4.1）；其中 a_1 和 a_2 为与视频的时域复杂度相关的函数：

$$a_1 = a_3 + a_4\ln(a_5\sigma) \qquad (5.5)$$
$$a_2 = a_6 + a_7\sigma \qquad (5.6)$$

式中：a_3、a_4、a_5、a_6 和 a_7 为待定参数；σ 为视频的时域复杂度；P_{loss} 为丢包率。

5.5 实验结果与分析

5.5.1 实验条件

根据 1.4.1 小节可知，在 VQEG 已经完成的对多媒体质量评估的测试计划（MM Phase Ⅰ）中指出测试半参考和无参考视频质量评估模型的主观视频质量评估应使用单激励连续视频质量评估方法（single stimulus continuous quality evaluation，SSCQE），并且给出了原始测试序列（source sequences，SRCs）的范围和假定参考压缩模型（hypothetical reference circuits，HRCs）的要求[50]。但是由于版权的原因没有办法得到给定的 SRCs。因此使用在 VQEG 已经完成的全参考视频质量评估的测试（FR‑TV Phase Ⅰ）中给出的测试序列，该测试实验阶段共使用了 144 个失真测试视频序列[46]，图 5.4 给出了该阶段部分原始测试视频序列，这些序列符合 CCIR 601 标准的 625/50 格式。

根据 1.4.1 小节的研究可知，在已经完成的 VQEG 第一阶段（FR‑TV Phase Ⅰ）的全参考视频质量评估测试计划中较为详细地给出了测试视频序列的双激励连续质量评估评分（double stimulus continuous quality scale，DSCQS）。根据 2.2.1 小节和 2.2.2 小节的分析和研究可知，DSCQS 评分方法与 SSCQE 评分方法有一定的差别，导致这种现象的原因主要在于，在使用 DSCQS 方法时，观测者可以观测到原始测试视频序列，观测者可以根据原始测试视频序列与失真测试视频序列之间的差别进行比较评分，因此 DSCQS 方法在很大程度上反映了原始测试视频序列和失真测试视频序列之间的差别；而 DSCQS 方法观测者并不知道原始测试视频序列，在对视频进行质量评估时，只是根据测试视频序列的失真程度依靠个人感知对测试视频序列进行评分。同时，在使用

(a) Claire　　(b) News　　(c) Foreman
(d) Paris　　(e) Hall-Monitor　　(f) Highway
(g) Mother-Daughter　　(h) Mobile　　(i) Soccer
(j) Football

图 5.4　原始视频序列

DSCQS 方法和 SSCQE 方法时评估评分的精确度与视频的内容有很大的关系。例如，原始测试视频序列 Football 本身质量就比较差，在使用 SSCQE 方法时观测者无法得知原始测试视频的质量状况，则在评分时会感觉基于 Football 的失真测试视频序列质量比较差，往往会给出较低的评分；当使用 DSCQS 方法时，观测者主要是根据原始测试视频序列与失真测试视频序列之间的差异度给出视频的质量，因此会给出比 SSCQE 方法更好的评分。虽然使用 SSCQE 方法和使用 DSCQS 方法得到的评分有一定的差别，但是这两者仍具有很强的相关性。

主观实验中，先根据编码时输出的编码信息文件来对用于实验的 10 个序列进行分段，分段的依据是 I 帧编码比特数的大小，将连续 I 帧的编码比特数之差小于门限值之内的视频帧分为一个序列段，这样做是为了减少场景变化对实验的影响，本实验认为一个视频序列的时间复杂度一致，所以并没有考虑场景变化的影响。具体分段情况如下：Claire、Hall-Monitor、Highway、Mobile、News、Paris 没有分段，将 Football 中 1～30 帧，40～80 帧，210～260 帧各自为一个序列段，Foreman 中 1～230 帧作为一个序列段，Mother-Daughter 中 70～299 帧为一个序列段，Soccer 中 20～60 帧为一个序列段，每一个序列段都按 4.6 节所说的方法计算时间复杂度。主观视频质量的评估方法、评分等级测度、观测条件、数据结果分析等参考 3.2 节设置。

5.5.2 实验结果与仿真分析

本章所有实验均采用 MPEG-4 编解码器；使用的标准视频序列格式为：CIF(352×288)；帧率为 30fps；QP 设为 5、8、15、20、25、28、30 和 35；丢包采用随机丢包策略，丢包率分别为：0%、0.5%、1%、2%、5%、7%、10%；选取具有不同空域和时域复杂度的为实验失真测试视频序列，如图 5.4 所示，它们是：Claire、News、Foreman、Paris、Hall-Monitor、Highway、Mother-Daughter、Mobile、Soccer 和 Football；由丢包引起的初始误码在解码端使用 ZMEC 方法处理。分别使用本章给出的考虑包丢失特性无参考网络视频质量评估方法和国际标准 G.1070 方法[17] 对所有失真视频进行质量评估，然后与视频的主观质量比较来评价该方法的性能。使用本章给出的视频质量评估方法对网络视频进行评分，通过大量的实验和理论分析，使用最小二乘法采用线性回归方法，得到的模型参数为：$c=-3.9937$，$k=0.0503$，$a_3=0.7553$，$a_4=0.0316$，$a_5=0.038$，$a_6=-0.9569$ 和 $a_7=0$。

本章采用以下 4 个尺度来量化本章给出的无参考视频质量评估模型的性能：均方根误差 C_{RMSE}、Pearson 线性相关系数 C_{PLCC}、Spearman 秩相关系数 C_{SROCC} 和背离率 C_{OR}。表 5.4 分别给出了这 2 种客观视频质量评估模型的 4 个性能指标，由表 5.4 可知本章给出的无参考客观视频质量评估算法得到的视频质量和视频主观质量具有很好的一致性。

表 5.4　　　　　　各种质量评估模型的性能

参数	C_{PLCC}	C_{RMSE}	C_{SROCC}	C_{OR}
国际标准 G.1070 方法	0.8961	0.1837	0.8039	0.1128
本章方法	0.9579	0.0817	0.9026	0.0922

为了更清楚地说明本章给出方法的有效性，图 5.5 给出了客观质量评估模型的评分与主观评分的对应分布图，图中的每一个数据点对应一个受测失真视频序列，横坐标为采用客观质量评估方法得到的客观评分，纵坐标表示视频序

列的主观评分，从散点图可以清晰地看到本章所提方法可以准确地评估视频的丢包失真，本章给出的方法与相应的主观质量具有较好的一致性。

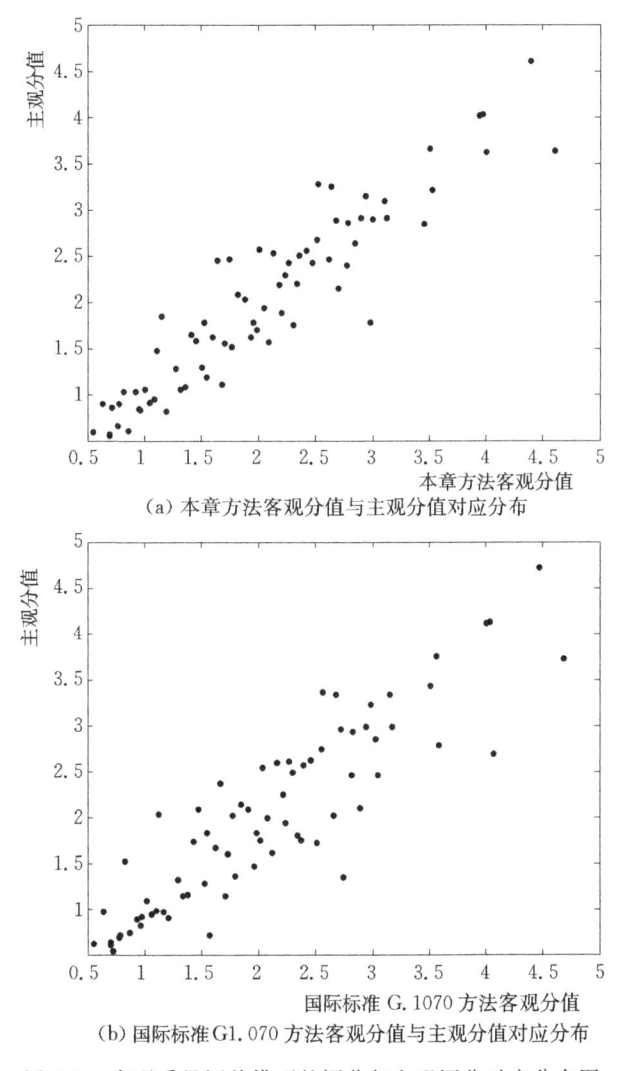

(a) 本章方法客观分值与主观分值对应分布

(b) 国际标准G1.070方法客观分值与主观分值对应分布

图 5.5　客观质量评估模型的评分与主观评分对应分布图

图 5.6 给出了 News 和 Football 使用本章给出的客观视频质量评估模型得到的视频质量分值和主观视频质量分值与对应的包丢失率的分布图，包丢失采用随机丢包策略，丢包率分别为：0.5％、1％、1.5％、2％、2.5％、3％、4％、5％、6％、7％、8％、9％、10％，编码帧率为30fps，QP设为20。从图中可以发现视频质量并不是严格的随着包丢失率的增大而减小。导致这一现象的主要原因在于在相同的包丢失率情况下，对于不同的包丢失集中度，包丢失率对视

频质量的影响也不尽相同。如图 5.6（a）所示包丢失率为 1.5% 时的主观视频质量要比包丢失率为 2% 时还低，从图中可以发现本章所给出的客观视频质量评估能够很好地吻合这一情况，再次证明了本章所给出方法的有效性。

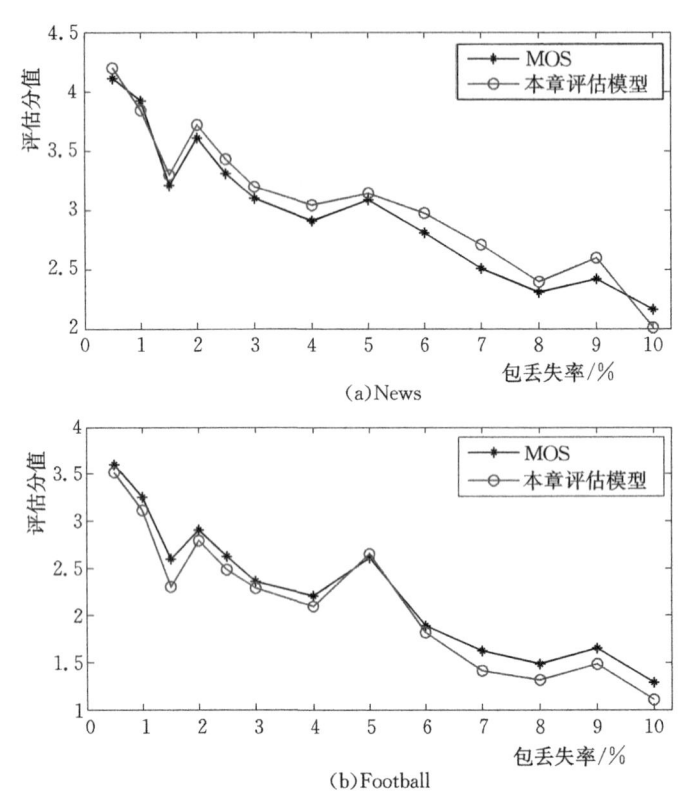

图 5.6　News 和 Football 的主观客观视频质量与丢包率对应分布图

5.6　小结

针对相同的包丢失率的情况下对于不同的包丢失集中度对视频质量影响不同的问题，给出一种不对视频解码无参考的网络视频质量评估模型。该模型考虑了视频内容、丢包率和丢包集中度对视频质量的影响。此外，该模型依据码流信息在压缩域计算视频的时域复杂度，以及包丢失率对视频质量的影响因子；为了解决包丢失集中度对视频质量的影响，给出在压缩域计算包丢失集中度的方法，进而给出由于丢包引起的视频质量下降的视频质量评估模型。该模型不仅考虑到人眼视觉系统的空域掩盖效应和时域掩盖效应对视频质量的影响，还考虑了丢包率和包丢失集中度对视频质量的影响，并且该方法不需要对视频进

5.6 小结

行完全解码,因此适用于具有版权保护的视频序列质量评估,并且资源开销小。实验结果表明,使用该视频质量评估方法测得的视频包丢失质量评分与其主观质量评分有很好的一致性,相比于国际标准 G.1070 中的丢包视频质量评价模型,无参考的网络视频质量评价模型与主观质量评价的相关性平均提高了 6.18%。

第6章 考虑人眼视觉特性的无参考网络视频质量评估模型

6.1 引言

视频经编码压缩后再由不稳定的 IP 网络传输时，视频质量除由量化引起的编码失真以外，网络视频还会遭受到由网络包丢失引起的失真。由于现行的视频编码标准，经压缩后的视频一旦发生网络丢包，将会导致在解码端重构视频时视频质量下降。此外，在编码时常常使用运动补偿和运动预测来提高编码效率，然而使用运动补偿和运动预测进一步恶化了由于包丢失引起的视频质量下降，并且将会沿着运动补偿的方向形成误码传播。

在解码端，当包丢失发生时，相关帧或部分视频序列由于包丢失而无法正确解码。此时，解码器就采用误码掩盖进行恢复，进而提高视频质量。根据所使用的误码掩盖信息，误码掩盖可以分为两种：空域误码掩盖和时域误码掩盖[14]。

由文献 [100-106] 可知，如果一段视频由包丢失引起的视频质量下降，而后续的视频是没有受到影响的视频序列，则对视频的主观质量评估时往往会得到更好的评分。这是由于人眼视觉容忍或遗忘特性而导致的，即对于相同的由于包丢失导致的视频质量下降，如果包丢失发生的位置离视频结束越远则主观上的视频质量评估评分就越高；反之，如果包丢失发生的位置离视频结束越近则主观上的视频质量评估评分就越低。

本章首先研究包丢失、误码传播以及丢包位置对视频帧质量的影响；然后深入分析网络多丢失包对视频质量影响时的视觉容忍特性；最后在研究视频序列的时域失真的基础上得到整体视频序列的客观质量。实验结果表明使用该方法测得的视频质量评分和主观质量评分有很好的一致性。

6.2 信道误码对视频帧质量的影响

现行的编码标准中，在编码过程中使用到运动补偿和运动预测，因此包丢失会导致误码的传播，信道误码对视频帧质量的影响有两个方面：包丢失对视频质量的影响和误码传播对视频质量的影响。因此，视频序列的第 n 帧的质量应该包括包丢失对视频质量的影响和误码传播对视频质量的影响，由文献［89］可知由包丢失引起的视频质量下降和误码传播引起的视频质量下降不相关，则第 n 帧视频由信道误码引起的质量下降见式（6.1）：

$$D_{\text{CH},n} = D_{\text{Loss},n} + D_{\text{P},n} \tag{6.1}$$

式中：$D_{\text{CH},n}$ 为第 n 帧视频由信道误码引起的视频质量下降；$D_{\text{Loss},n}$ 为第 n 帧视频由包丢失引起的视频质量下降；$D_{\text{P},n}$ 为由误码传播引起的第 n 帧视频质量下降。下面分别对由包丢失和误码传播引起的视频失真进行详细讨论。

6.2.1 包丢失引起的视频帧失真

由于网络的时变不稳定特性，编码压缩后的视频通过 IP 网络传输时，包丢失、时延抖动等是不可避免的，在解码端接收到的视频进行解码重建，误码掩盖只能恢复视频的部分质量，并不能完全恢复。在解码端误码掩盖算法的有效性在很大程度上取决于视频内容的时域复杂度和相邻帧视频内容变化程度，当视频内容的时域复杂度较高或相邻帧视频内容变化程度比较大时，时域误码掩盖算法不能很好地对视频进行恢复，对于视频内容空域复杂度较高的也是如此。对于空时域复杂度较高的视频，经误码掩盖后这些由于包丢失引起的误码仍然可以觉察到。由上述分析可以得知，包丢失对视频质量的影响在很大程度上取决于该视频帧的空时域复杂度，因此，在给出视频帧质量评估模型时必须把视频的空时域复杂度对视频质量的影响考虑到模型中去。

设 $Q_{\text{C},n}$ 表示视频帧在无误码时恢复的视频第 n 帧质量，根据人眼视觉系统特性分析，一般情况下该视频帧在无误码时恢复的质量越高，则包丢失对视频质量的影响就越大；相反，当该视频帧在无误码时恢复的质量越低，由包丢失引起的视频失真就会被严重的视频编码失真所掩盖，从而导致由于包丢失引起的视频质量下降就会不太明显。如果用 $Q_{\text{C},n}$ 和 $D_{\text{Loss},n}$ 的数据来表征的话，就是指当 $Q_{\text{C},n}$ 的数据值越大时则 $D_{\text{Loss},n}$ 的数据值就会越大，当 $Q_{\text{C},n}$ 的数据值越小时则 $D_{\text{Loss},n}$ 的数据值就会越小，这样就可以认为它们之间可能存在着某种正比的关系，通过大量的主观实验也可以证明。

为验证 $Q_{\text{C},n}$ 和 $D_{\text{Loss},n}$ 之间的关系，设置以下实验进行验证。

实验测试环境可以参考 3.2 节设置，整个实验的具体步骤如下：

（1）丢包视频序列的产生：首先在本实验中用于主观视频质量评估的视频序列不是 8s 时长的视频序列，而是视频帧或者是图片，每一帧视频帧或图片显示时间为 3~4s；视频序列的选取：选取空时域不同的视频如 Claire、News、Foreman、Pairs、Mother‐Daughter、Mobile、Hall‐Monitor、Highway、Football 和 Soccer；编码标准采用：H.264/AVC 编解码器的基本档次（baseline profile）；视频格式为 CIF。

进行主观实验时，首先根据编码时输出的编码信息文件，对用来实验的10个序列进行分段，分段的依据是I帧编码比特数的大小，将连续I帧的编码比特数之差小于门限值的视频帧分为一个序列段，这样做是为了减少场景变化对实验的影响，本实验认为一个视频序列的时间复杂度一致，所以并没有考虑场景变化的影响。具体分段情况如下：Claire、Hall-Monitor、Highway、Mobile、News、Paris没有分段，将Football中1～30帧、40～80帧、210～260帧各自为一个序列段，Foreman中1～230帧作为一个序列段，Mother-Daughter中70～299帧为一个序列段，Soccer中20～60帧为一个序列段，每一个序列段都按4.6节所说的方法计算时间复杂度，并在各段中选出一帧为实验帧，具体的选择见表6.1。

表6.1　　　　　　　各序列段的所选出帧的序号

视频序列	Claire	News	Foreman	Paris	Hall-Monitor	Mother-Daughter
帧数	14	256	102	212	91	146
视频序列	Highway	Mobile	Soccer	Football I	Football II	Football III
帧数	91	3	31	21	51	251

对包丢失引起的视频失真评估时，在主观评估时使用固定码率，码率为48、64、80、96、128、160、192、256、384和512，选择多个固定码率来做实验，目的是为了在不同值$Q_{C,n}$下寻找丢包引起的视频失真与视频的时域复杂度之间的关系；GoP为15∶2。

而对于包丢失导致的误码传播引起的视频质量下降的评估，在主观评估时使用固定QP，则QP分别为：18、25、35、40和46，GoP为30∶2。

(2) 解码端解码器：对H.264/AVC解码器（JM15.0）进行修改处理，以便对编码器生成的H.264/AVC视频码流进行解码并进行丢失整帧或部分帧丢失操作。

误码掩盖技术为：由丢包引起的初始误码在解码端，丢失宏块属于帧内编码模式的采用空域误码掩盖算法，而属于帧间编码模式的将使用时域误码掩盖算法，对误码掩盖后的视频帧或图片进行主观视频质量评估实验。

(3) 主观测试：采用单激励方法，相关测试条件参照3.2节测试方法执行；评分标准：具体主观质量分级标准参照3.2节评分等级测度；视频序列的播放顺序：每一帧视频或图片播放3～4s，重复播放5次，而最后2次主要用于评分；观测者：共25人，其中20人为非视频专业人士，5人为视频专业人士；主观视频得分数据处理：采用3.2节的数据处理方法对所得的观测数据进行处理，最后得到该视频的主观评估得分。

定义$Q'_{C,n}$为无误码时视频帧的质量，该值是通过主观视频质量评估方法得到的;$Q'_{\text{Loss},n}$为视频帧有包丢失时的视频帧质量,该值同样是通过主观视频质量评估方法得到的。则第 n 帧视频由包丢失引起的视频质量下降见式(6.2):

$$D'_{\text{Loss},n}=Q'_{\text{C},n}-Q'_{\text{Loss},n} \tag{6.2}$$

利用主观视频质量评估得到的 $Q'_{\text{C},n}$ 和 $D'_{\text{Loss},n}$ 来计算 $D'_{\text{Loss},n}/Q'_{\text{C},n}$,$D'_{\text{Loss},n}/Q'_{\text{C},n}$ 比值与码率之间的关系如图 6.1 所示。

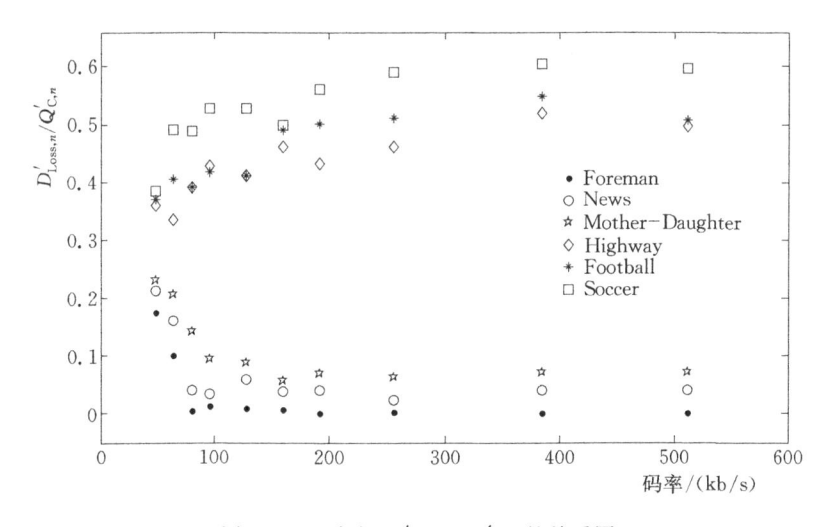

图 6.1 码率与 $D'_{\text{Loss},n}/Q'_{\text{C},n}$ 的关系图

从图 6.1 可以清楚看到对于同一视频序列在不同码率情况下比值 $D'_{\text{Loss},n}/Q'_{\text{C},n}$ 的值基本上是一致的;但是对于不同的视频序列的研究可以发现,在同一码率情况下比值 $D'_{\text{Loss},n}/Q'_{\text{C},n}$ 的值差别比较大,比值 $D'_{\text{Loss},n}/Q'_{\text{C},n}$ 的值随着视频序列的时域复杂度的增加而增大。

视频序列的时域复杂度是视频序列的基本特性,因此视频序列的时域复杂度不会随视频序列的编码码率的变化而变化,由图 6.1 可知比值 $D'_{\text{Loss},n}/Q'_{\text{C},n}$ 的值同样也不受码率变化的影响,因此为了更清楚地研究比值 $D'_{\text{Loss},n}/Q'_{\text{C},n}$ 的值与视频序列的时域复杂度之间的关系,首先利用 4.6 节中的式(4.1)计算得到每一个视频序列的时域复杂度 σ_{T},定义 $\lambda_n=D'_{\text{Loss},n}/Q'_{\text{C},n}$,则 $\bar{\lambda}$ 为 λ_n 的均值,$\bar{\lambda}$ 如式(6.3)所示:

$$\bar{\lambda}=\frac{1}{10}\sum_{n=1}^{10}\lambda_n \tag{6.3}$$

则比值 $D'_{\text{Loss},n}/Q'_{\text{C},n}$ 的均值与视频序列的时域复杂度 σ_{T} 之间的关系见表 6.2。

表 6.2　10 个序列段对应的比值 $D'_{\text{Loss},n}/Q'_{C,n}$ 的均值 $\bar{\lambda}$ 与时域复杂度 σ_T 的关系

视频序列	Foreman	Claire	News	Paris	Mother-Daughter
σ_T	1.656118	0.008230	2.148463	1.878119	1.273916
$\bar{\lambda}$	0.173471	0.0447837	0.242517	0.122383	0.131495
视频序列	Mobile	Hall-Monitor	Highway	Football	Soccer
σ_T	2.046611	1.470714	1.952339	2.936329	8.300549
$\bar{\lambda}$	0.132775	0.059527	0.1906131	0.235176	0.511081

以上所有主观视频质量评估实验主要是针对 P 帧整帧完全丢失，P 帧一帧数据完全丢失，则无法得到该视频帧的主观质量，根据在解码端所使用的误码掩盖方法，在这里提取该视频帧的后一帧视频图片进行主观视频质量评估，使用后一帧得到的主观质量来代替当前帧的主观视频帧质量。其他类型：I 帧整帧完全丢失、I 帧部分数据丢失和 P 帧部分数据丢失时可以做相应的调整得到同样的结果。

在心理学和生理学上已经证明，人眼对它们能够观看到的信息有很强的选择性，而不是对所有的信息都感兴趣[21-24]。因此，在一个视频帧内同样的包丢失对视频质量的影响也不同，对于这一影响将在 6.2.3 节进行详细的研究。

由 4.2 节的研究可以得知，由于包丢失导致视频质量的下降很大程度上取决于包丢失的类型。如果丢失包头信息和系统信息，则该视频帧无法解码从而导致视频帧整帧被丢弃，对视频质量的影响往往会比较大；如果丢失视频内容信息如运动矢量、DCT 系数等，则只会对视频帧部分产生影响，对视频帧的质量的影响往往会较小。在接收端，不同的解码器所使用的误码掩盖方法也不尽相同，比如在 H.264/AVC 解码器中，I 帧和 P 帧的误码掩盖的方法则不同，若为 I 帧，H.264/AVC 解码器采用帧内误码掩盖方法，即如果一帧数据全部丢失，则 I 帧整个图片就显示为全灰；若为 P 帧，则采用帧间误码掩盖方法，即如果一帧数据全部丢失，则该 P 帧会用后一帧代替当前丢失的 P 帧。基于此，下面分别对整帧丢失的 I 帧和 P 帧、部分包丢失的 I 帧和 P 帧的视频帧质量进行讨论。

1. 丢失整帧引起的单帧失真

（1）I 帧整帧丢失引起的失真。由以上分析可知，不同的解码器所使用的误码掩盖算法不同，本小节只针对解码器为 H.264/AVC 的情况进行讨论，其他解码器标准可以做相应的修改即可得到 I 帧整帧丢失时的视频帧质量。在 H.264/AVC 解码器中，I 帧发生丢包时使用的误码掩盖方式是帧内误码掩盖算法，如果 I 帧整帧丢失时，那么该视频帧则显示为全灰色，此时该视频帧的质量为 0，所以 I 帧整帧丢失引起的视频质量下降等于 $Q_{C,n}$，见式（6.4）：

6.2 信道误码对视频帧质量的影响

$$D_{\text{Loss},n} = Q_{C,n} \quad (6.4)$$

（2）P帧整帧丢失引起的失真。如果P帧整帧数据全部丢失，则无法得到该视频帧 n 的质量，在H.264/AVC解码器中，P帧发生丢包时使用的误码掩盖算法是帧间误码掩盖算法，即如果P帧整帧丢失时，则用后一帧代替当前所丢失的P帧。因此，此时该P帧的视频帧质量用后一帧的视频帧质量来近似，见式（6.5）：

$$D_{\text{Loss},n} = D_{\text{Loss},n+1} \quad (6.5)$$

通过对表6.2中的数据拟合得到式（6.6）：

$$\bar{\lambda} = a\sigma_T^b \quad (6.6)$$

由上面分析和根据式（6.2）、式（6.3）、式（6.5）和式（6.6）可得到P帧整帧丢失引起的失真质量见式（6.7）：

$$D_{\text{Loss},n} = a\sigma_T^b \cdot Q_{C,n} \quad (6.7)$$

式中：a 和 b 为待定参数；$a\sigma_T^b$ 为时域复杂度对视频质量下降的影响因子，如果该视频序列帧丢失的话，σ_T 将无法得到，由于在视频序列中的相邻的视频帧时域复杂度可以视为是不变的，那么可使用与之相邻帧的时域复杂度来代替，如何得到 σ_T 可以参考4.5节。

2. 帧部分数据丢失引起的单帧失真

（1）I帧部分数据丢失引起的单帧失真。由上面的分析可以得到由I帧部分数据丢失引起的视频帧质量下降，可由式（6.8）表示：

$$D_{\text{Loss},n} = \frac{N_A - N_V}{N_A} \cdot Q_{C,n} \quad (6.8)$$

式中：N_A 为有数据丢失视频帧的RTP包个数总和；$N_V \geqslant 0$，为在解码端接收到并且能够解码的，并属于当前有数据丢失视频帧的包个数总和；N_A 和 N_V 可以通过视频帧头信息中的时间戳、包头的序列号和Mark标识得到；$(N_A - N_V)/N_A$ 为包丢失对视频帧质量影响。在这里需要注意的是，N_V 与在解码端能够接收到的视频帧数目不一定相等，事实上是由于即便是在解码端能够正确接收到该帧，对解码器来说该帧可能会是无效的，主要由于其他的与解该帧相关的信息包已经丢失了。一个典型的例子是一个视频帧的相关包头信息丢失了，该视频序列与之相关的视频帧即便是能够正确接收到也是无效的，视频帧则无法正确解码。

当I帧整帧丢失时，在解码端接收到并且能够解码的，且属于当前有数据丢失视频帧的包个数总和，即 $N_V=0$，则式（6.8）可表示为 $D_{\text{Loss},n} = Q_{C,n}$ 与式（6.4）一样，则当I发生包丢失时，无论是I帧整帧丢失或部分帧数据丢失时都可以用式（6.8）表示。

（2）P帧部分数据丢失引起的单帧失真。由上面分析可以得到由P帧部分数据丢失引起视频帧质量下降，可由式（6.9）表示：

$$D_{\text{Loss},n} = a_1 \sigma_T^{b_1} Q_{C,n} \left(\frac{N_A - N_V}{N_A} \right) \tag{6.9}$$

式中：N_A 和 N_V 与式（6.8）中表示的意义一样；a_1 和 b_1 为待定参数。这个质量评估表达式也同样适合于 B 帧的情况。P 帧部分数据包丢失引起的视频失真的客观模型与 I 帧的不同，主要是因为在 H.264/AVC 编解码标准中，在解码端 I 帧和 P 帧所使用的误码掩盖的方法不一样，即若为 I 帧，H264/AVC 解码器采用帧内误码掩盖方法，若为 P 帧，则采用帧间误码掩盖方法。

6.2.2 误码传播引起的视频帧失真

由 4.3 节和 4.4 节的研究可知，由于包丢失引起的视频质量下降将会沿着参考该误码帧进行传播直到接收到没有被损坏的 I 帧才会结束。一般说来，初始误码对视频的主观质量影响越严重，则误码传播对视频的主观质量影响也会越严重。

此外，由 6.2.1 小节和 4.2 节的分析可知，视频序列内容复杂度同样对视频的误码传播引起的视频质量下降有着很大的影响。运动复杂度高的视频序列对误码传播会更敏感，误码传播更容易引起视频质量的严重下降，反之则亦然。

因此，对于由误码传播导致视频质量下降的评估模型可以看作是考虑视频序列内容复杂度和参考帧的视频帧质量的模型，为了研究由误码传播导致的视频质量下降与视频序列复杂度及参考帧质量之间的关系，做了大量的主观视频质量评估试验，具体的实验设置可参考 6.2.1 节，但是与 6.2.1 节对 Football 的分段情况有所不一样，不同的是序列 Football 多选了 80~110 帧这个序列段，各个序列段实验帧的选取情况见表 6.3。

表 6.3　　　　各序列段的所选出帧的序号

视频序列	Claire	News	Foreman	Paris	Hall-Monitor	Mother-Daughter	Highway
帧数	14	256	102	212	91	146	91
视频序列	Mobile	Soccer	Football Ⅰ	Football Ⅱ	Football Ⅲ	Football Ⅳ	
帧数	3	31	21	51	251	211	

由 4.5.1 小节和 4.5.2 小节的研究可知参考帧 I 帧或 P 帧发生包丢失时，后续参考该帧的视频帧都会受到误码传播的影响，直到接收到无误码的 I 帧时才会结束。然而如果在进行主观视频质量评估时，对所有受到误码传播影响的视频帧进行主观视频质量评估，不仅费时费力，而且也没有必要，通过对接收到的受误码传播影响的视频帧主观视频质量进行反复观察和研究比较发现，连续的受误码传播影响的视频帧主观视频质量之间的差别不是特别明显，通过大量的

研究和比较，在主观视频质量评估实验中对于视频序列段 Foreman、Claire、Football Ⅰ和 Football Ⅳ，每隔3帧选择一个视频帧对其进行主观视频质量评估，而对于剩余的9个视频序列段，每隔2帧选择一个视频帧对其进行主观视频质量评估。选出要进行主观视频质量评估的第一帧视频为参考由包丢失影响的视频帧的后一帧，其余视频帧的选取按上面的规定选取并进行主观视频质量评估，这样所得的实验视频帧的主观质量均为由误码传播引起的视频失真。并且同时在无误码的视频序列中选取相对应的视频帧，进行主观视频质量评估实验。

设 $\alpha = \dfrac{D'_{P,n}}{D'_{R,m}} - 1$，其中 $D'_{P,n}$ 表示有误码传播时视频帧的质量下降主观测试值，$D'_{R,m}$ 表示参考帧由包丢失引起的视频帧的质量下降主观测试值。

$$D'_{P,n} = Q'_{C,n} - Q'_{P,n} \tag{6.10}$$
$$D'_{R,m} = Q'_{C,m} - Q'_{R,m} \tag{6.11}$$

式中：$Q'_{P,n}$ 为有误码传播影响时视频帧的主观视频质量，该值通过主观视频质量评估测试得到；$Q'_{R,m}$ 为有包丢失时视频参考帧的主观视频质量，同样该值也是通过主观视频质量评估测试得到。

在 QP 分别为 18、25、35、40、46 时得到 α_1、α_2、α_3、α_4、α_5。

$$\bar{\alpha} = \frac{1}{5}\sum_{i=1}^{5}\alpha_i \tag{6.12}$$

则 $\bar{\alpha}$ 与视频序列的时域复杂度 σ_T 之间的关系见表 6.4。

表 6.4　　$\bar{\alpha}$ 与时域复杂度 σ_T 的关系

视频序列	Foreman	Claire	News	Paris	Mother–Daughter	Mobile
σ_T	2.423958	0.019142	0.079936	0.924823	0.615893	2.193485
$\bar{\alpha}$	0.309210	0.050871	0.230294	0.136029	0.250382	0.133281
视频序列	Hall–Monitor	Highway	Football Ⅰ	Football Ⅱ	Football Ⅲ	Soccer
σ_T	0.314591	3.357736	7.790359	8.00593	10.973351	6.909102
$\bar{\alpha}$	0.240451	0.400872	0.599812	0.630039	0.909931	0.560650

通过对表 6.4 中的数据拟合得到式（6.13）：

$$\bar{\alpha} = a_2 \sigma_T^{b_2} \tag{6.13}$$

由式（6.12）和式（6.13）可知，则相应的误码传播对视频质量影响的评估模型为

$$D_{P,n} = D_{R,m}(1 + a_2 e^{b_2 \sigma_{T,n}}) \tag{6.14}$$

式中：$D_{R,m}$ 为视频帧 n 的参考帧 m 的视频质量下降，即误码从参考帧 m 帧传播到视频帧 n 帧；a_2 和 b_2 为待定参数。

6.2.3 丢包位置对视频帧质量的影响

由 1.4.2 小节和 2.3.2 小节的研究可知，人眼对于一帧视频内不同位置的失真感知也不尽相同，同时在心理学和生理学上也已经证明了，人眼对它们能够观看到的信息有很强的选择性，并不是对人眼所观察到的所有信息都感兴趣[21-24]。根据人眼视觉系统特性分析，通常情况下人眼对于视频帧中间部分的失真比视频帧边缘部分的失真更为敏感，因此，如果视频帧的边缘部分发生失真时或许不会被人眼察觉。由此本小节给出了一种考虑丢包位置对视频质量影响的算法，由于不对视频进行解码只是针对接收到的视频流进行简单的包头解析，因此，在本小节给出的考虑丢包位置对视频帧质量的影响算法中，只是简单地判断丢包位置与该视频帧的编码开始端或结束端之间的距离，更多地考虑丢包位置发生在该视频帧边缘的顶部或底部。图 6.2 给出了丢包位置与视频帧的编码开始位置之间距离的示意图，如果包丢失在视频流中的位置与该视频帧的编码开始的位置之间的距离小于一个门限值，则可以认为该视频帧的包丢失位置发生在该视频帧边缘的顶部。当一个视频帧编码时被分成多片时，通过实验可知同样可以使用该方法来判断包丢失发生在该视频帧的位置。则考虑丢包位置对视频质量的影响时视频帧的质量可由式（6.15）表示：

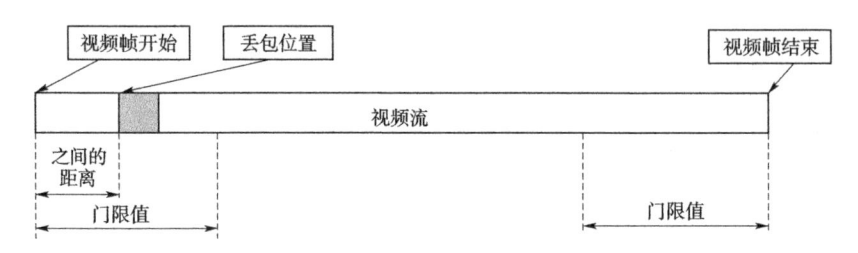

图 6.2 丢包在视频帧的位置示意图

$$Q_n = \begin{cases} Q'_n & (ErrD \geqslant Th) \\ CQ'_n & (ErrD < Th) \end{cases} \tag{6.15}$$

式中：$Q'_n = Q_{C,n} - D_{CH,n}$ 为视频帧 n 不考虑丢包位置对视频帧影响时的质量；Q_n 为视频帧 n 考虑包丢失位置对视频质量的影响时的视频帧质量；$ErrD$ 为视频流中丢包位置距该视频帧的开始或结束之间的距离；Th 为门限值；C 为考虑丢包位置对视频帧质量影响调整参数。

6.3 视觉容忍性对视频帧质量的影响

在 4.3 节研究了网络单包丢失对视频质量影响时人眼视觉容忍特性对视频质

量的影响，而对于网络多包丢失对视频质量影响的情况下，人眼视觉容忍特性对视频质量的影响是否还与包丢失距视频结束有关。由于是多包丢失对视频质量的影响，研究每一个包丢失的人眼时间容忍因子比较困难，并且包丢失集中度对各个包丢失的影响不同，使得研究多包丢失时的人眼视觉容忍性因子更为困难。

通过对图5.3进行研究，可以发现对于包丢失集中度较低的视频序列比包丢失集中度较高的视频序列的视频主观感知质量更好点。其中较为合理的解释是在包丢失集中度较低的视频序列中每一个包丢失之间的距离相对较大，以至于观测者在觉察到后一个包丢失时已经忘记了前一个包丢失对视频质量的影响，因此在评估视频序列的主观感知质量时，更多地依靠后一个包丢失对视频质量的影响。这样的结果可以表明在定义多包丢失对视频质量影响时的人眼视觉容忍特性因子时需考虑各个包丢失距离来定义。因此在定义多包丢失对视频质量影响时的人眼视觉容忍性因子时，用各个包丢失之间的距离或最后一个包丢失距视频结束的距离代替单丢失包距视频结束的距离。

6.4 视频序列的时域失真

6.4.1 时域失真

在解码端视频流解码后在显示器上的显示状况主要受嵌入在网络视频流中的时间戳影响。网络视频经由网络传输经历了包丢失或时延过长引起的包丢弃，则视频帧在显示器上显示时间将会超过它们应该显示的时间，这就导致了视频播放的中断或闪烁现象出现。

视频序列的时域不连续性，即视频质量的时域失真，主要由两个方面的原因导致的：编码时的变帧率和网络的包丢失。编码时的变帧率主要是在编码时，由于网络的变化或者受视频内容复杂度的影响而必须使用的帧率变化，编码时的帧率变化是导致视频序列在时域范围内视频质量下降的主要原因之一；网络的包丢失，压缩后的视频经由不稳定的网络传输时不可避免地会出现网络丢包，在接收端，由于时延过长同样也会导致该帧被丢弃而不被显示，或者由于参考帧数据的损坏而导致该视频帧不能够正确解码则该视频帧同样不能被显示，这些都是导致视频时域失真的原因，同样网络的包丢失引起的视频显示的不连续性也可以归结为视频序列的帧率的变化对视频质量的影响。从上面的分析可以看到，视频序列的质量不仅与该视频帧的空域质量有关，还与该视频序列的时域不连续性有关，也即与视频的时域失真有关。

从一般的主观感受可知，在编码时采用定帧率编码，在此种情况下，编码帧率越低则每一帧视频在显示器上的显示时间则越长，从而人眼对整个视频序列的主观感知质量就越差,也即是由视频的时域不连续性而导致的视频质量下降就越严重,则视频序列的时域失真越严重。在变帧率或网络包丢失情况下,如果一视频帧显示时间过长,则会导致后续的视频帧必须进行丢失而不显示,因此会导致意想不到的视频时域不连续性,从而会导致与之相关的视频帧的感知质量下降,也就是说导致视频质量的时域失真。一般来说,一个视频帧在显示器上显示时间越长,则视频的时域失真也就越严重。另外,视频序列的时域失真能否被人眼视觉觉察到在很大程度上与视频序列的内容有关,一般情况下,视频序列的空时域复杂度越高则视频序列的时域不连续性更容易被觉察到[107]。

6.4.2 主观实验设置

为了研究视频质量的时域失真,进行了大量的实验。

实验测试环境可以参考 3.2 节设置,整个实验的具体步骤如下:

(1) 丢包视频序列的产生:视频序列的选取:选取空时域不同的视频如 Paris、News、Mother-Daughter、Mobile、Football 和 Soccer;编码标准采用: H.264/AVC 编解码器的基本档次(baseline profile);QP=18;视频格式为 CIF;编码帧率为:变帧率;丢包率为 2.5%;使用 4 状态的马尔科夫模型来模拟实际中 IP 网络的丢包方式,最终产生包丢失的测试视频序列。

(2) 解码端解码器:误码掩盖技术为由丢包引起的初始误码在解码端,丢失宏块属于帧内编码模式的采用空域误码掩盖算法,而属于帧间编码模式的将使用时域误码掩盖算法。

(3) 主观测试:采用单激励方法,相关测试条件参照 3.2 节测试方法执行;评分标准:使用平均评估分值 S_{MOS} 表示视频质量的好坏,具体主观质量分级标准参照 3.2 节评分等级测度;视频序列的播放顺序:随机顺序播放;观测者:共 25 人,其中 20 人为非视频专业人士,5 人为视频专业人士;主观视频得分数据处理:采用 3.2 节的数据处理方法对所得的观测数据进行处理,最后得到该视频的主观评估得分。

6.4.3 数据分析

由 6.4.1 节分析可知,视频的时域失真主要表现为编码时的变帧率和网络丢包引起的视频序列的时域不连续性,无论是编码时的变帧率导致的视频的时域不连续性或是网络丢包引起的视频序列的不连续性,在接收终端,都表现为视频帧在显示器上显示的时间长短的变化。本节主要研究的是视频序列的时域失真,所以实验只是针对视频序列的时域不连续性与视频序列的主观质量之间的关系设计的,从大量的实验数据中选取代表不同时域复杂度和空域复杂度的视频序列,得到视频序列帧在显示器上不同显示时间的视频主观质量,视频序列的主观质量与视频帧在显示器上的显示时间之间的关系见表 6.5。

表 6.5　视频质量与视频帧在显示器上的显示时间之间的关系

显示时间/ms	News	Paris	Mobile	Mother-Daughter	Soccer	Football
30	4.47	4.39	4.32	4.29	4.48	4.41
50	4.16	4.01	4.08	4.01	4.24	4.02
70	3.92	3.91	3.83	3.86	3.75	3.69
90	3.84	3.71	3.67	3.61	3.66	3.64
110	3.76	3.69	3.61	3.57	3.32	3.30
130	3.68	3.59	3.57	3.41	3.27	3.23
150	3.62	3.66	3.39	3.31	3.12	3.16
175	3.51	3.46	3.19	3.12	2.78	2.71

从表 6.5 可以看出，视频序列的主观质量随着视频帧在显示器上显示的时间的增大而呈现下降趋势，这与人们的一般主观感受是一致的。从表 6.5 中还可以得到，随着视频帧在显示器上显示的时间的增大，而不同内容的视频序列的视频主观质量的下降速度也是不同的，在相同的视频序列不连续情况下，运动复杂度高的视频序列视频相对来说主观质量下降较快。

为了更方便地研究视频帧在显示器上显示的时间和视频序列的质量下降的关系，给出了几种代表在空域和时域复杂度都不同的视频序列 News、Paris、Mobile、Mother-Daughter、Soccer、Football 的视频主观质量分值与视频帧在显示器上显示时间的关系图，如图 6.3 所示。

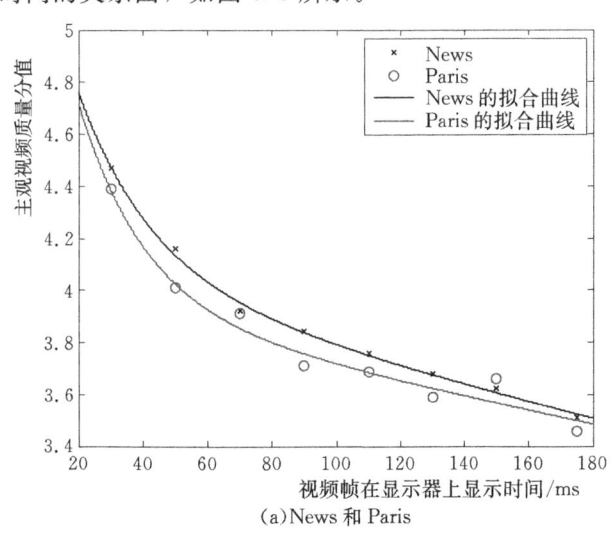

(a)News 和 Paris

图 6.3（一）　视频主观质量分值与视频帧在显示器上显示的时间的关系

(b) Mobile 和 Mother-Daughter

(c) Soccer 和 Football

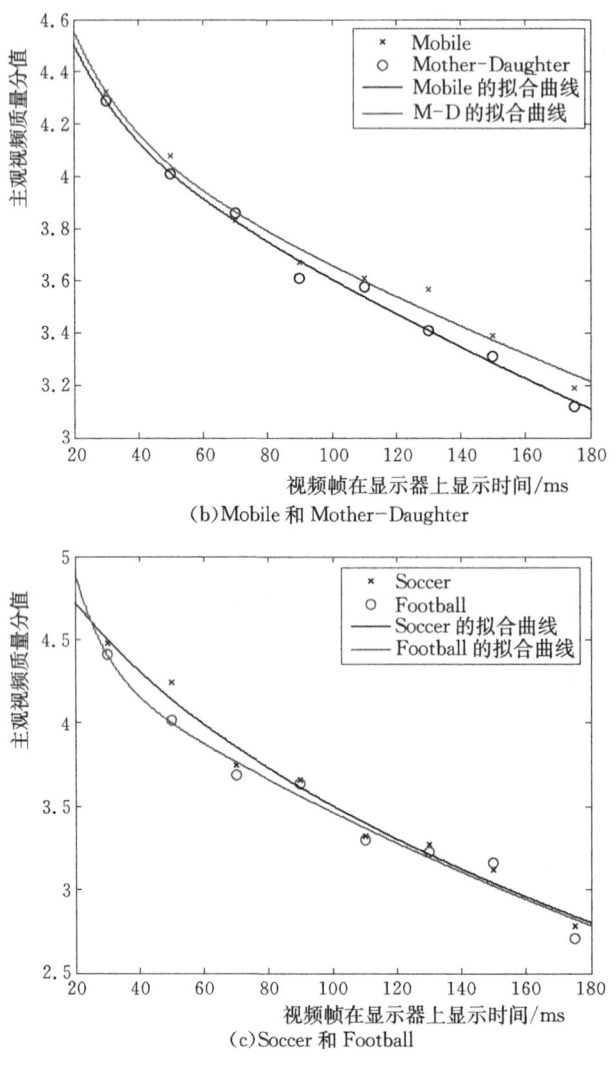

图 6.3（二） 视频主观质量分值与视频帧在显示器上显示的时间的关系

从图 6.3 可以看出，视频序列的主观质量随着视频帧在显示器上显示时间的增加而降低，并且以对数形式降低，因此，视频序列的主观质量与视频帧显示时间之间的关系可以用对数表示。同时对于其他的视频序列在不同的编码参数下同样也可以得到相同的关系，并且在文献[107]中也验证过了编码帧率与视频的主观质量之间呈对数关系。从图 6.3 还可以观察到对于不同的视频序列，视频主观质量下降的梯度也不一样，这是由于能否观察到视频序列的不连续性与视频序列的空域复杂度有关，如果视频序列的空域复杂度高时这种不连续性更容易被觉察到。因此，视频帧在显示器上显示时间与视频序列的主观质量之

间的关系可表示为

$$Q_{S,n} = Q_n[1 + a_3\sigma_{T,n}\log(T_n)] \tag{6.16}$$

式中：$Q_{S,n}$为第n帧视频帧考虑时域失真时的该帧质量；T_n为该帧视频在显示器上显示的时间长，假设编码帧率为30f/s时，$T_n = \text{Max}(T_n, 33.3)$；$a_3$为待定参数。

6.5 视频序列的视频质量评估模型

在6.2节、6.3节和6.4节分别详细讨论了包丢失、误码传播、包丢失的位置以及视觉容忍性对视频帧质量评估的影响以及视频序列的时域失真。上几节主要讨论的是基于视频帧的客观质量评估，在本节将研究如何利用上几节已经得到的视频帧质量来评估整个视频序列的客观质量。通过上几节的研究可知：

（1）当I帧整帧丢失时，将式（6.4）和式（6.14）代入式（6.1）中可得到信道误码对视频帧质量的影响见式（6.17）

$$D_{CH,n} = Q_{C,n} + D_{R,m}(1 + a_2 e^{b_2\sigma_{T,n}}) \tag{6.17}$$

（2）当P帧整帧丢失时，将式（6.7）和式（6.14）代入式（6.1）中可得到信道误码对视频帧质量的影响见式（6.18）

$$D_{CH,n} = a\sigma_T^b Q_{C,n} + D_{R,m}(1 + a_2 e^{b_2\sigma_{T,n}}) \tag{6.18}$$

（3）当I帧部分帧丢失时，将式（6.8）和式（6.14）代入式（6.1）中可得到信道误码对视频帧质量的影响见式（6.19）

$$D_{CH,n} = \frac{N_A - N_V}{N_A} Q_{C,n} + D_{R,m}(1 + a_2 e^{b_2\sigma_{T,n}}) \tag{6.19}$$

（4）当P帧部分帧丢失时，将式（6.9）和式（6.14）代入式（6.1）中可得到信道误码对视频帧质量的影响见式（6.20）

$$D_{CH,n} = a_1\sigma_T^{b_1}\left(\frac{N_A - N_V}{N_A}\right) Q_{C,n} + D_{R,m}(1 + a_2 e^{b_2\sigma_{T,n}}) \tag{6.20}$$

然后将得到的式（6.17）～式（6.20）代入式（6.15）中分别可得到：当I帧整帧丢失时、当P帧整帧丢失时、当I帧部分帧丢失时、当P帧部分帧丢失时考虑丢包位置对视频质量影响的视频帧客观质量，在这里将不再给出详细计算公式推导；最后将得到的式（6.15）代入式（6.16）中分别可得到当I帧整帧丢失时、当P帧整帧丢失时、当I帧部分帧丢失时、当P帧部分帧丢失时考虑时域失真后的视频帧客观质量，在这里同样不再给出详细计算公式推导。

上面得到了考虑丢包位置和视频的时域失真对视频帧质量影响的客观视频帧质量评估模型，最后利用人眼视觉的容忍或遗忘特性对得到的视频帧质量

进行加权得到整个视频序列的客观质量，则视频序列的客观质量可以表示为

$$Q_{seq} = \frac{\sum_{n \in seq}(Q_{S,n} e^{-b_3 D})}{N} \tag{6.21}$$

式中：$e^{-b_3 D}$ 为人眼视觉的容忍或遗忘特性；D 为各个包丢失之间的距离；N 为视频序列能够正确解码并在显示器上显示所有视频帧的总和；Q_{seq} 为视频序列的客观质量；$n \in seq$ 为视频序列中能够在显示器上显示的视频帧号；b_3 为待定参数。

6.6 实验结果与仿真分析

实验视频的编解码方式采用 H.264/AVC 编解码器的基本档次（baseline profile）；使用的标准视频序列格式为 CIF（352×288）；编码速率为 256kb/s；帧率为 30f/s；QP 设为 25；编码后的片根据 IP/UDP/RTP 协议栈进行打包编码；选取代表在空域和时域复杂度都不同的视频序列，视频序列分别为：Claire、Foreman、Highway、Hall-Monitor、Football 和 Soccer；使用 4 状态的马尔科夫模型来模拟实际中 IP 网络的丢包方式，丢包率分别为：0.5%、1%、1.5%、2%、2.5%、3%、4%、5%、7%、10%。由丢包引起的初始误码在解码端，丢失宏块属于帧内编码模式的采用空域误码掩盖算法，而属于帧间编码模式的将使用时域误码掩盖算法。使用给出的评估方法对网络视频进行评分，通过大量的实验和理论分析，使用最小二乘法采用线性回归方法，得到的模型参数为：$a = a_1 = 17.31$，$b = b_1 = 0.8639$，$a_2 = 0.2471$，$b_2 = 0.1468$，$C = 1.034$，$Th = 0.1531$，$a_3 = -0.7708$ 和 $b_3 = 0.015$。

本章的主观视频质量的评估方法、评分等级测度、观测条件、数据结果分析等参考 3.2 节设置。

采用以下 4 个尺度来量化模型的性能：均方根误差 C_{RMSE}、Pearson 线性相关系数 C_{PLCC}、Spearman 秩相关系数 C_{SROCC} 和背离率 C_{OR}。表 6.6 给出了质量评估模型这 4 个量化尺度的性能值，由表 6.6 可知本章所提方法得到的视频质量和视频主观质量有很好的一致性。为了更方便地说明本章给出方法的有效性，图 6.4 给出了客观质量评估模型的评分与主观评分的对应分布图，图中的每一个数据点对应一个受测失真视频序列，横坐标为采用客观质量评估方法得到的客观评分，纵坐标表示视频序列的主观评分，从散点图可以清晰地看到本章所提方法可以准确地评估视频的丢包失真，本章给出的方法与相应的主观质量具有较好的一致性。

实验结果与仿真分析　6.6

表6.6　　　　　　　　各种质量评估模型的性能

参　数	C_{PLCC}	C_{RMSE}	C_{SROCC}	C_{OR}
本章方法	0.9370	0.0790	0.8977	0.0612

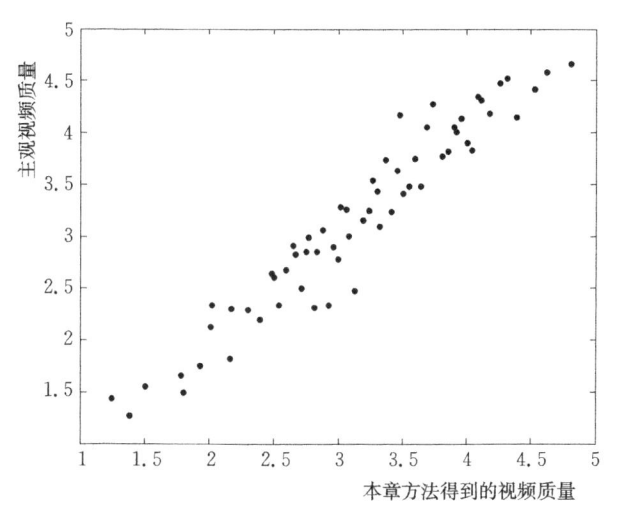

图6.4　客观质量评估模型的评分与主观分值对应分布图

图6.5给出了Claire和Soccer使用本章给出的客观视频质量评估模型得到的视频质量分值和主观视频质量分值与对应的包丢失率的分布图，包丢失采用随机丢包策略，丢包率分别为：0.5%、1%、1.5%、2%、2.5%、3%、4%、5%、7%和10%；编码帧率为30f/s，QP设为10。

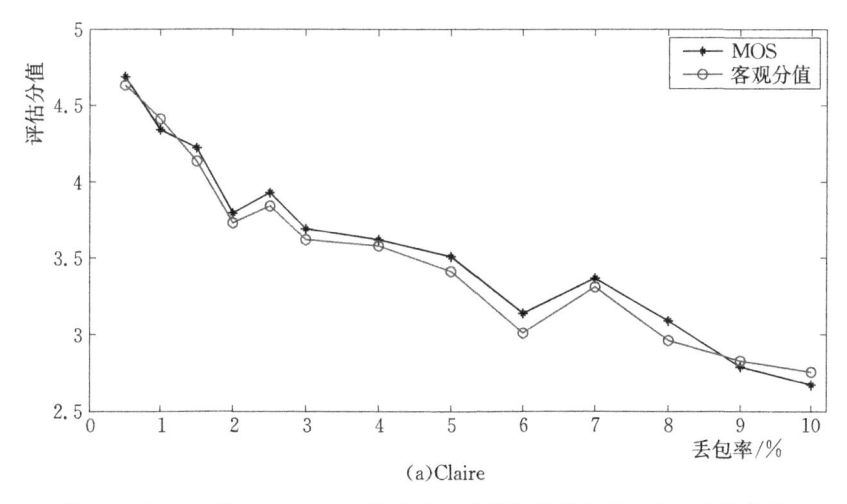

(a)Claire

图6.5（一）　Claire和Soccer的主观客观视频质量与丢包率对应分布图

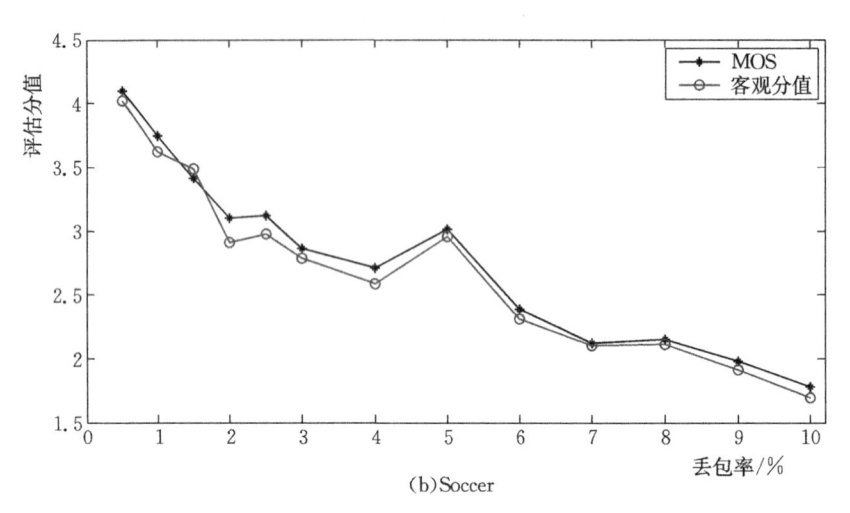

图 6.5（二） Claire 和 Soccer 的主观客观视频质量与丢包率对应分布图

从图中可以发现视频质量并不是严格的随着包丢失率的增大而减小，导致这一现象的主要原因在于在相同的包丢失率情况下，同一视频帧包丢失的位置可能不同，并且各个包丢失之间的距离长短可能不同，这些都会对视频质量产生不同程度的影响。如图 6.5（a）中所示包丢失率为 4% 时的主观视频质量甚至比包丢失率为 5% 时还低，从图中可以发现本章所给出的客观视频质量评估能够很好地吻合这一情况，再次证明了本章所给出的方法的有效性。

6.7 小结

IP 网络传输过程中，信道误码是不可避免的。在网络节点，受限于计算复杂度和网络带宽的限制，完全解码和全参考视频质量评估方法显得极为不现实。在网络节点如何对视频质量进行监控就显得尤为重要。本章给出了一种不对视频流进行完全解码的无参考视频质量评估方法。首先对网络丢包和误码传播以及包丢失在视频帧内的位置对视频帧质量的影响进行了详细的研究；然后研究了网络多包丢失对视频质量影响时人眼视觉的容忍性对视频序列质量评估的影响；最后通过对视频序列的时域失真研究进而得到整个视频序列的客观质量。该方法考虑了视频内容、包丢失位置、人眼视觉容忍性和视频序列的时域失真对视频质量的影响。此外，该方法不需要对视频进行完全解码，因此具有资源开销小、实时性好的特点，适合对实时传输的视频流进行质量评估。实验结果表明，使用该视频质量评估方法测得的视频丢包失真质量评分与其主观质量评分有很好的一致性。

第7章 结论与展望

7.1 结论

宽带网络的迅速发展及宽带业务的普及，以及三网融合的实现更进一步推动了网络视频业务的发展，而其中的视频通信正逐渐成为通信网的主要业务。因此，对网络视频质量进行实时和准确的评估在视频的编解码发展、网络协议规划、网内质量监控和确保终端用户质量等过程中的作用至关重要且成为研究热点。视频编码后通过不稳定的网络传输，在接收端接收到的视频序列通常受到编码失真和信道误码失真的影响。视频的客观质量评估方法通常可以分为：全参考视频质量评估、部分参考视频质量评估和无参考视频质量评估。本书深入研究了由信道误码引起的视频失真的无参考视频质量评估方法，主要研究内容及成果如下。

1. H.264/AVC 网络视频的丢包失真评估

编码后的视频序列由不稳定的网络传输，在接收端接收到的网络视频不可避免地受到网络丢包、时延抖动等的影响，而在解码端所使用的误码掩盖算法只能恢复部分视频的质量。新一代压缩编码标准 H.264/AVC 所使用的新的编码技术如：多模式帧内编码技术、多参考帧的帧间预测技术以及先进的环路的滤波技术等，在提高编码效率和性能的同时也增大了网络传输时误码传播对视频质量的影响。针对 H.264/AVC 所使用的新编码技术，详细研究了由 H.264/AVC 所使用的新编解码技术引起信道误码、空时域误码传播、空时域误码掩盖及去方块滤波对视频质量的影响，给出了一种计算网络视频丢包失真 MSE 的无参考视频质量评估算法。该方法充分考虑了视频内容、误码掩盖算法和编码器特性对视频质量的影响，并且计算复杂度低，可以进行实时网络视频质量监控。实验结果表明，使用该方法得到的视频质量 MSE 和使用全参考方法得到的视频质量 MSE 具有很好的一致性。充分利用该算法得到 MSE 信息，并结合视频内容空时域特性，对全参考视频质量评估方法 SSIM（structural similarity metric）进行改进，给出一种基于 SSIM 的半参考视频质量评估算法。实验结果表明，使用该方法能够较准确地反映视频的主观质量。

2. 考虑丢帧类型的无参考视频质量评估模型

网络视频质量评估需要满足实时性和低资源开销等要求，同时丢失不同的帧类型、网络丢包位置和网络视频内容特性对视频的质量影响也不相同。通过对丢失不同的帧类型、网络单丢失包对视频质量影响时的人眼视觉容忍特性及视频的时域复杂度的深入研究,在此基础上给出了一种不对视频解码无参考的网络视频质量评估模型。该模型首先不对接收到的码流解码,只通过码流的包头分析即可得到视频的时域复杂度;然后通过研究不同帧类型的丢失和网络单丢失包对视频质量影响时的人眼视觉容忍特性对视频质量的影响,进而给出一种无参考的网络视频质量评价模型来预测网络失真视频质量。该方法不仅考虑到人眼视觉系统的空域掩盖效应和时域掩盖效应对视频质量的影响,同时也考虑了不同类型的帧的丢包、网络丢包位置和网络视频内容特性对视频质量的影响,且具有资源开销小、实时性好的特点,适合对实时传输的视频流进行质量评估。实验结果表明,使用该视频质量评估方法测得的视频丢包失真质量评分与其主观质量评分有很好的一致性,相比于国际标准 G.1070 中的丢包视频质量评价模型,本书所给出的无参考网络视频质量评价模型与主观质量评价的相关性平均提高了 6.96%。

3. 考虑包丢失特性的无参考网络视频质量评估方法

不同的包丢失率对视频质量的影响不同,但在相同的包丢失率情况下不同的包丢失集中度对视频的客观质量影响同样不一样。针对相同的包丢失率的情况下对于不同的包丢失集中度对视频质量影响不同的问题,通过对不同的包丢失率以及在相同的包丢失率情况下不同的包丢失集中度的深入研究,在此基础上给出了一种不对视频解码无参考的网络视频质量评估模型。该模型依据码流信息在压缩域计算视频的时域复杂度,以及包丢失率对视频质量的影响因子;为了解决包丢失集中度对视频质量的影响,给出在压缩域计算包丢失集中度的方法,进而给出由于丢包引起的视频质量下降的视频质量评估模型。该模型不对视频进行完全解码只是对接收到的码流进行简单的包头分析,因此适用于具有版权保护的视频序列质量评估,并且资源开销小。实验结果表明,使用该视频质量评估方法测得的视频包丢失质量评分与其主观质量评分有很好的一致性,相比于国际标准 G.1070 中的丢包视频质量评价模型,无参考的网络视频质量评价模型与主观质量评价的相关性平均提高了 6.18%。

4. 考虑人眼视觉容忍特性的无参考网络视频质量评估模型

经编码压缩后的视频由 IP 网络传输时信道误码是不可避免的。在网络节点只能获得视频编码后的视频流信息,并且受限于计算复杂度和网络带宽的限制,完全解码和全参考视频质量评估方法显得极为不现实,这时如何对视频质量进行监控至关重要。并且视频通信的最终信宿是人,对视频质量的评价取决于人眼的主观感受,基于此,给出了一种不对视频流进行完全解码考虑人眼视觉特效的无参考视频质量评估方法。首先对网络丢包、误码传播以及包丢失在视频帧内的位置对视频帧质量的影响进行了详细的研究；然后分析了人眼视觉的容忍性对视频序列质量评估的影响；最后通过对视频序列的时域失真的研究进而得到整个视频序列的客观质量。该方法不仅考虑了人眼视觉系统的空域掩盖效应和时域掩盖效应对视频质量的影响，同时也考虑了视频内容、包丢失位置、人眼视觉容忍性和视频序列的时域失真对视频质量的影响，并且该方法不需要对视频进行完全解码。因此，具有资源开销小、实时性好的特点，适合对实时传输的视频流进行质量评估。实验结果表明，使用该视频质量评估方法测得的视频丢包失真质量评分与其主观质量评分有很好的一致性。

7.2 展望

随着宽带数字网络的发展及广泛应用，对网络视频质量进行实时和准确的评估的研究会受到越来越多的研究者的关注，网络视频的质量评估研究具有较好的研究前景。基于本书的研究工作，对视频质量评估作以下展望：

众多研究者对视频质量评估进行了大量的研究，同时也提出了很多视频质量评估方法。但是现存的客观视频质量评估方法还不能真正地反映人眼视觉主观视觉特性。这主要是由于人类对自身的视觉系统和人脑认知机理的了解远远不够，尤其是没有准确的模型能够精确地描述人眼视觉系统和人脑认知机理。因此要建立准确的视频质量评估方法，还需要进一步研究人眼视觉特性和人脑认知机理。

任意视点电视系统能够提供一种全新的、生动的、真实的、交互式的三维视听系统，它允许用户自由选择观看电视的视点，并可以使用户感受到真实的三维场景，而现在的视频质量评估方法大多是针对二维场景的，因此对三维视频序列的质量评估也是未来研究的一个重要方向。

现阶段对于视频质量的评估还主要针对无声视频，而没有考虑声音不同步时对视频质量的影响，因此今后对于视听视频的质量评估将会受到更多的关注。

本书只是针对网络丢包对视频质量的影响进行了研究，并没有对视频在编码压缩时引起的失真进行研究，而编码压缩同样会影响视频的质量，因此研究编码压缩对视频质量的影响也是研究视频质量评估的一个非常重要的方面。另外人眼对它们能够观看到的信息有很强的选择性，而不是对所有的信息都感兴趣，而本书只是在第3章和第6章中简单考虑了人眼视觉选择性对视频质量评估的影响，因此，还需要更进一步地研究人眼视觉的选择性对视频质量评估的影响。

参 考 文 献

［1］ Maisonneuve J, Deschanel M, Heiles J, et al. An Overview of IPTV Standards Development [J]. IEEE Transactions on Broadcasting, 2009, 55 (2): 315 – 328.

［2］ Gozdecki J, Jajszczyk A, Stankiewicz R. Quality of Service Terminology in IP Networks [J]. IEEE Communications Magazine Mar. 2003: 153 – 159.

［3］ Wu Hongren, Rao K R. Digital Video Image Quality and Perceptual Coding [M]. Boca Raton, Florida, USA: CRC Press, 2006.

［4］ Rao K R, Bojkovic Z S. Packet Video Communications over ATM Networks [M]. Upper Saddle River, New Jersey, USA: Prentice Hall, 1999.

［5］ 沈兰荪, 卓力, 田栋, 等. 视频编码与低速率传输 [M]. 北京: 电子工业出版社, 2001.

［6］ 毕厚杰, 王健. 新一代视频压缩编码标准——H.264/AVC [M]. 北京: 人民邮电出版社, 2009.

［7］ Rao K. R. The Transform and Data Compression Handbook [M]. Boca Raton, Florida, USA: CRC Press, 2001.

［8］ Richardson I. Video Codec Design: Developing Image and Video Compression Systems [M]. Aberdeen, UK: Robert Gordon University, 2002.

［9］ Yuen M, Wu Hongren. A Survey of Hybrid MC/DPCM/DCT Video Coding Distortion [J]. Signal processing, 1998, 70 (3): 247 – 278.

［10］ 卢刘明, 陆肖元. 基于网络丢包的网络视频质量评估 [J]. 中国图像图形学报, 2009, 14 (1): 52 – 58.

［11］ 姚继先, 张远, 朱雨涵. 视频通信中丢包损伤分析及客观测量方法 [J]. 电视技术, 2009, 33 (2): 91 – 94.

［12］ Wang Yao, Zhu Q. Error Control and Concealment for Video Communication: A Review [J]. Proc. of the IEEE. 1998, 86 (5): 974 – 997.

［13］ Wang Yao, Wenger S, Wen J, et al. Error Resilient Video Coding Techniques: Real - Time Video Communications over Unreliable Networks [J]. IEEE Signal Processing Magazine. 2000, 17 (4): 61 – 82.

［14］ 宋彬, 常义林. 视频通信抗误码方法研究的新进展 [J]. 电子学报, 2002, 30 (10): 1514 – 1518.

［15］ ITU – T Rec. P. 910, Subjective Video Quality Assessment Methods for Multimedia Applications [S]. Geneva: ITU – Telecommunication Standardization Sector, 1999.

［16］ ITU – R Rec. BT. 500 – 11, Methodology for the Subjective Assessment of the Quality of Television Pictures [S]. Geneva: ITU – Telecommunication Standardization Sector, 2002.

［17］ ITU – T Rec. G. 1070, Opinion Model for Video – Telephony Applications [S]. Geneva: ITU – Telecommunication Standardization Sector, 2007.

［18］ Brunnstrom K, Hands D, Speranza F, et al. VQEG Validation and ITU Standardization of Objective Perceptual Video Quality Metrics [J]. IEEE Signal Processing Magazine, 2009, 26 (3): 96-101.

[19] Rohaly A M, Corriveau P, Libert J, et al. Video Quality Experts Group: Current results and future directions [J]. SPIE Visual Communications and Image Processing, 2000, 4067 (10): 742-753.

[20] Winkler S. Vision Models and Quality Metrics for Image Processing Applications [D]. Singapore: National University of Singapore, 2000.

[21] Itti L, Koch C. Computational Modeling of Visual Attention [J]. Nature Reviews Neuroscience, 2001, 2 (3): 194-203.

[22] Parkhurst D, Law K, Niebur E. Modeling the Role of Salience in the Allocation of Overt Visual Attention [J]. Vision Research, 2002, 42 (1): 107-123.

[23] Itti L, Koch C, Niebur E. A Model of Saliency-Based Visual Attention for Rapid Scene Analysis [J]. IEEE Transaction on Pattern Analysis and Machine Intelligence, 1998, 20 (11): 1254-1259.

[24] Osberger W, Maeder A. Automatic Identification of Perceptually Important Regions in an Image Using a Model of the Human Visual System [C]. International Conference on Pattern Recognition, Aug. 1998: 701-704.

[25] Osberger W, Bergmann N, Maeder A. An Automatic Image Quality Assessment Technique Incorporating High Level Perceptual Factors [C]. IEEE International Conference on Image Processing, Oct. 1998: 414-418.

[26] Osberger W, Maeder A, Mclean D. A Computational Model of the Human Visual System for Image Quality Assessment [C]. Digital Image Computing: Techniques and Applications, Auckland, New Zealand, Dec. 1997: 337-342.

[27] Osberger W, Bergmann N, Maeder A. A Technique for Image Quality Assessment Based on a Human Visual System Model [C]. Proceedings of EUSIPCO'1998, Rhodes, Greece, Sep 1998: 1049-1052.

[28] Lu Z K, Lin W, Ong E, et al. Perceptual-Quality Significance Map and its Application on Video Quality Distortion Metrics [C]. Hong Kong: ICASSP'2003, vol. 3, April 2003: 617-620.

[29] A Ninassi, O Le Meur, Plecallet, et al, Does Where You Gaze on an Image Affect Your Perception of Quality? Applying Visual Attention to Image Quality Metric [C]. International Conference of Image Processing. vol. 2, Oct. 2007: 169-172.

[30] Moorthy A, Bovik A. Visual Importance Pooling for Image Quality Assessment [J]. IEEE Journal of Selected Topics in Signal Processing, 2009, 3 (2): 193-201.

[31] Oprea C, Prinog I, Paleologu C, et al. Perceptual Video Quality Assessment Based on Salient Region Detection [C]. Fifth Advanced International Conference on Telecommunications, May 2009: 232-236.

[32] Claypool M, Tanner J. The Effects of Jitter on the Perceptual Quality of Video [C]. Orlando: ACM Multimedia Conference, FL, Oct. 1999.

[33] Lu L, Lu X. Quality Assessing of Video over a Packet Network [C]. Second Workshop on Digital Media and its Application in Museum & Heritage, 2007: 365-369.

[34] Pastrana R, Gicquel J. Automatic Quality Assessment of Video Fluidity Impairments Using a No - Reference Metric [C]. Workshop Video Process. Quality Metrics for Consumer Electron, Jan. 2006.

[35] Yang K, Guest C, El - Maleh K, et al. Perceptual Temporal Quality Metric for Compressed Video [J]. IEEE Transactions on Multimedia, 2007, 9 (7): 1528 - 1535.

[36] Qiu S, Rui H, Zhang L. No - Reference Perceptual Quality Assessment for Streaming Video Based on Simple End - to - End Network Measures [C]. International Conference on Networking and Services, Jul. 2006: 280 - 293.

[37] Babu R, Bopardikar A, Perkis A, et al. No - Reference Metrics for Video Streaming Applications [DB/OL]. (2004 - 11 - 20) [2010 - 12 - 10].

[38] Rui H, Li C, Qiu S. Evaluation of Packet Loss Impairment on Streaming Video [J]. Journal of Zhejiang University SCIENCE, 2006, 7 (1): 131 - 136.

[39] 黄睿钰. 视频主观质量评估方法研究 [D]. 西安: 西安电子科技大学, 2010.

[40] 杨付正, 万帅. 网络视频质量评估技术研究现状及发展动向 [J]. 通信学报, 2012, 33 (04): 107 - 114.

[41] Avcibas I, Sankur B, Sayood K. Statistical Evaluation of Image Quality Measures [J]. Journal of Electronic Imaging, 2002, 11 (2): 206 - 223.

[42] Reibman A R, Vaishampayan V A, Sermadevi Y. Quality Monitoring of Video over a Packet Network [J]. IEEE Transactions on Multimedia, 2004, 6 (2): 327 - 334.

[43] Yamada T, Miyamoto Y, Serizawa M. No - Reference Video Quality Estimation Based on Error - Concealment Effectiveness [C]. IEEE Packet Video, Lausanne, Switzerland, Nov. 2007.

[44] Winkler Stefan. Issues in Vision Modeling for Perceptual Video Quality Assessment [J]. Signal Processing, 1999, 78 (2): 231 - 252.

[45] Mannos J L, Sakrison D J. The Effects of a Visual Fidelity Criterion on the Encoding of Images [J]. IEEE Transactions on Information Theory, 1974, 20 (4): 525 - 536.

[46] Lukas F X J, Budrikis Z L. Picture Quality Prediction Based on a Visual Model [J]. IEEE Transactions on Communications, 1982, 30 (7): 1679 - 1692.

[47] Daly S. The Visible Differences Predictor: An Algorithm for the Assessment of Image Fidelity [M]. Cambridge, Massachusetts, USA: MIT Press, 1993: 179 - 206.

[48] J Wu, G Shi, W Lin. Survey of Visual Just Noticeable Difference Estimation [J]. Frontiers of Computer Science, 2018, 2018 (10): 1 - 12.

[49] C J van den Branden Lambrecht, Verscheure O, Bhaskran V, et al. Perceptual Quality Measure Using a Spatio - Temporal Model of the Human Visual System [J]. In Proc. SPIE Digital Video Compression: Algorithms and Technologies, 1996, 2668 (2): 450 - 461.

[50] Winkler S. A Perceptual Distortion Metric for Digital Color Video [J]. SPIE Human Vision and Electronic Imaging, 1999, 3644 (1): 175 - 184.

[51] Susstrunk S, Winkler S. Color Image Quality on the Internet [J]. SPIE Internet Imaging, 2004, 5304 (1): 118 - 131.

[52] Wang Z, Lu L, Bovik A C. Video Quality Assessment Based on Structural Distortion

Measurement [J]. Signal Processing: Image Communication, 2004, 19 (2): 121-132.

[53] Pinson M H, Wolf S. A New Standardized Method for Objectively Measuring Video Quality [J]. IEEE Transactions on Broadcasting, 2004, 50 (3): 312-322.

[54] Liu T, Feng X, Reibman A, et al. Saliency Inspired Modeling of Packet-loss Visibility in Decoded Videos [C]. Fourth International workshop on Video Proc. And Quality Metrics, Jan. 2009.

[55] Joskowicz J, Carlos López Ardao J. Enhancements to the Opinion Model for Video-Telephony Applications [C]. LANC'09. Sep. 2009: 87-94.

[56] Yamagishi K, Hayashi T. Parametric Packet-Layer Model for Monitoring Video Quality of IPTV Services [C]. IEEE International Conference on Communications 2008. May. 2008: 110-114.

[57] Gustafsson J, Heikkila G, Pettersson M. Measuring multimedia quality in mobile networks with an objective parametric model [C]. Proceedings of the International Conference on Image Processing, San Diego, California, USA, 2008: 405-408.

[58] Yang F, Song J, Wan S. A No-Reference Quality Assessment System for Video Streaming over RTP [J]. Advanced Materials Research, 2011, 179: 243-248.

[59] You F, Zhang W, Xiao J, et al. Packet Loss Pattern and Parametric Video Quality Model for IPTV [C]. ICIS 2009, 8th IEEE/ACIS International Conference. Jun. 2009: 824-828.

[60] Yamada T, Yachida S, Senda Y. Accurate Video-Quality Estimation without Video Decoding [C]. Proceedings of International Conference on Acoustics Speech and Signal Processing, Dallas, Texas, USA, 2010: 2426-2429.

[61] Turaga D S, Chen Y, Caviedes J. No Reference PSNR Estimation for Compressed Pictures [J]. Signal Processing: Image Communication, 2004, 19 (2): 173-184.

[62] Ichigaya A, Kurozumi M, Hara N. A method of estimating coding PSNR using quantized DCT coefficients [J]. IEEE Transactions on Circuits Systems Video Technology, 2006, 16 (2): 251-259.

[63] Brandao T, QUELUZ M P. No-reference image quality assessment based on DCT domain statistics [J]. Signal Processing, 2008, 88 (4): 822-833.

[64] Verscheure O, Frossard P, Hamdi M. User-oriented QoS analysis in MPEG-2 video delivery [J]. Real-Time Imaging, 1999, 5 (5): 305-314.

[65] Watababe K, Yamagishi K, Okamoto J. Proposal of new QoE assessment approach for quality management of IPTV services [C]. Proceedings of IEEE ICIP, San Diego, California, 2008: 2060-2063.

[66] Yang Fuzheng, Wan Shuai, Xie Qingpeng, et al. No-reference Quality Assessment for Networked Video via Primary Analysis of Bit-stream [J]. IEEE Transactions on Circuits and Systems for Video Technology, 2010, 20 (11): 1544-1554.

[67] Pinson M H, Wolf S. A New Standardized Method for Objectively Measuring Video Quality [J]. IEEE Transactions on Broadcasting, 2004, 50 (3): 312-322.

[68] Yang F, Wan S, Chang Y. A Novel Objective No-Reference Metric for Digital Video Quality Assessment [J]. IEEE Signal Processing Letters, 2005, 12 (10): 685-689.

[69] Naccari M, Tagliasacchi M, Tubaro S. No-Reference Video Quality Monitoring for H. 264/AVC Coded Video [J]. IEEE Transactions on Multimedia, 2009, 11 (5): 932-942.

[70] Davis A G, Bayart D, Hands D S. Hybrid No-Reference Video Quality Prediction [C]. Proceedings of the International Symposium on Broadband Multimedia Systems and Broadcasting, Bilbao, Spain, 2009.

[71] Sugimoto O, Naito S, Sakazawa S. Objective Perceptual Video Quality Measurement Method Based on Hybrid No Reference Framework [C]. Proceedings of the International Conference on Image Processing, Cairo, Egypt, 2009.

[72] Yamagishi K, Kawano T, Hayashi T. Hybrid video-quality estimation model for IPTV services [C]. Proceedings of Global Telecommunications Conference, Hawall, USA, 2009.

[73] Kanumuri S, Cosman P C, Reibman A R, et al. Modeling Packet-Loss Visibility in MPEG-2 Video [J]. IEEE Transactions on Multimedia, 2006, 8 (2): 341-355.

[74] Winkler S, Mohandas P. The Evolution of Video Quality Measurement: From PSNR to Hybrid Metrics [J]. IEEETransactions on Broadcasting, 2008, 54 (3): 1-9.

[75] Wiegand T, Sullivan G J, Bjontegaard G, et al. Overview of the H. 264/AVC Video Coding Standard [J]. IEEE Transactions on Circuits and Systems for Video Technology, 2003, 13 (7): 560-576.

[76] Stuhlmüller K, Färber N, Link M, et al. Analysis of Video Transmission over Lossy Channels [J]. IEEE Journal on Select Areas in Communications, 2000, 18 (6): 1012-1032.

[77] Zhang R, Regunathan S L, Rose K. Video Coding with Optimal Inter/Intra-Mode Switching for Packet Loss Resilience [J]. IEEE Journal on Select Areas in Communications, 2000, 18 (6): 966-976.

[78] Yang H, Rose K. Advances in Recursive Per-pixel End-to-End Distortion Estimation for Robust Video Coding in H. 264/AVC [J]. IEEE Transactions on Circuits and Systems for Video Technology, 2007, 17 (7): 845-856.

[79] Tao Shu, Apostolopoulos J, Guerin R. Real-Time Monitoring of Video Quality in IP Networks [J]. IEEE Transactions on Networking, 2008, 16 (5): 1052-1065.

[80] ITU-T Rec. BT. 814: 1994, Specifications and Alignment Procedures for Setting of Brightness and Contrast of Displays [S]. Geneva: ITU-Telecommunication Standardization Sector, 1994.

[81] ITU-T Rec. BT. 815: 1994, Specification of a Signal for Measurement of the Contrast Ratio of Displays [S]. Geneva: ITU-Telecommunication Standardization Sector, 1994.

[82] Liu Tao. Perceptual Quality Assessment of Videos Affected by Packet Losses [D]. New York: Polytechnic Institute of New York University, 2010.

[83] VQEG. Multimedia Group TEST PLAN 1.21, [DB/OL]. [2010-12-10].

[84] List P, Joch A, Lainema J, et al. Adaptive Deblocking Filter [J]. IEEE Transactions on Circuits and Systems for Video Technology, 2003, 13 (7): 614-619.

[85] 刘河潮, 常义林, 元辉, 等. 一种网络丢包的无参考视频质量评估方法 [J]. 西安电

子科技大学学报,2012,39(2):29-34.

[86] Agrafiotis D, Bull D R, Canagarajah C N. Enhanced Error Concealment with Mode Selection [J]. IEEE Transactions on Circuits and Systems for Video Technology, 2006, 16 (8): 960-973.

[87] Sullivan G, Wiegand T, Lim K-P. Joint Model Reference Encoding Methods and Decoding Concealment Methods, [DB/OL]. [2012-03-10].

[88] Joint Video Team (JVT), H.264/AVC Reference Software Version JM12.3. [DB/OL]. [2011-10-15].

[89] Wang Y, Wu Z Y, Boyce J M. Modeling of Transmission-Loss-Induced Distortion in Decoded Video, IEEE Transactions on Circuits and Systems for Video Technology, 2006, 16 (6): 716-732.

[90] Naccari M, Tagliasacchi M, Tubaro S. No-Reference Video Quality Monitoring for H.264/AVC Coded Video [J]. IEEE Transactions on Multimedia, 2009, 11 (5): 932-942.

[91] Secker A, Taubman D. Highly Callable Video Compression with Scalable Motion Coding [J]. IEEE Transactions on Image Process, 2004, 13 (8): 1029-1041.

[92] 刘河潮,杨付正,常义林,等. 考虑丢包特性的无参考网络视频质量评估模型 [J]. 西安交通大学学报,2012,46(2):130-134.

[93] Ichigaya A, Kurozumi M, Hara N, et al. A Method of Estimating Coding PSNR Using Quantized DCT Coefficients [J]. IEEE Transactions on Circuits and Systems for Video Technology, 2006, 16 (2): 251-259.

[94] Wang Z, Bovik A C. Embedded Foveation Image Coding [J]. IEEE Transactions on Image Process, 2001, 10 (10): 1397-1410.

[95] He Z, Cai J, Chen C W. Joint Source Channel Rate-Distortion Analysis for Adaptive Mode Selection and Rate Control in Wireless Video Coding [J]. IEEE Transactions on Circuits and Systems for Video Technology, 2002, 12 (6): 511-523.

[96] Wang Z, Bovik A C, Sheikh H R, et al. Image Quality Assessment: From Error Visibility to Structural Similarity [J]. IEEE Transactions on Image Process, 2004, 13 (4): 600-612.

[97] Seshadrinathan K, Bovik A C. A Structural Similarity Metric for Video Based on Motion Models [C]. IEEE International Conference on Acoustics, Speech, and Signal Processing, Honolulu, HI, 2007: 186-172.

[98] Wang Z, Sheikh H R, Bovik A C. The Handbook of Video Databases: Design and Applications [M]. Boca Raton, FL: CRC Press, 2003.

[99] Lin W, Li D, Ping X. Visual Distortion Gauge Based on Discrimination of Noticeable Contrast Changes [J]. IEEE Transactions on Circuits and Systems for Video Technology, 2005, 15 (7): 900-909.

[100] Mohamed S, Rubino G. A Study of Real-Time Packet Video Quality Using Random Neural Networks [J]. IEEE Transactions on Circuits and Systems for Video Technology, 2002, 12 (12): 1071-1083.

[101] Kung W Y, Kim C S, Kuo C C J. Spatial and Temporal Error Concealment Techniques for Video Transmission over Noisy Channels [J]. IEEE Transactions on Circuits and

Systems for Video Technology, 2006, 16 (7): 789-802.

[102] Hamberg R, Ridder H. Time-varying Image Quality: Modeling the Relation between Instantaneous and Overall Quality [J]. SMPTE Journal, 1999, 108 (11): 802-811.

[103] Hands D. Temporal Characterization of Forgiveness Effect [J]. Electronic Letter, 2002, 37 (8): 752-754.

[104] Seferidis V, Ghanbari M, Pearson D E. Forgiveness Effect in Subjective Assessment of Packet Video [J]. Electronic Letter, 1992, 28 (21): 2013-2015.

[105] Pearson D. Viewer Response to Time-Varying Video Quality [J]. SPIE Human Vision and Electronic Imaging Ⅲ, 1998, 3299 (1): 16-25.

[106] Rohaly A, Lu J, Franzen N, et al. Comparison of Temporal Pooling Methods for Estimating the Quality of Complex Video sequence [J]. SPIE Human Vision and Electronic Imaging Ⅳ, 1999, 3644 (1): 218-225.

[107] Watanabe K, Okamoto J, Kurita T. Objective Video Quality Assessment Method for Freeze Distortion Based on Freeze Aggregation [C]. SPIE-IS&T Electronic Imaging, San Jose, USA, January 2006, 60590Y-1-60590Y-8.